Annika Reinke

Digitale Nomaden

Was sie motiviert und welche Rolle die Arbeit in ihrem Leben spielt

Bibliografische Information der Deutschen Nationalbibliothek:

Die Deutsche Nationalbibliothek verzeichnet diese Publikation in der Deutschen Nationalbibliografie; detaillierte bibliografische Daten sind im Internet über http://dnb.d-nb.de abrufbar.

Impressum:

Copyright © Science Factory 2019

Ein Imprint der GRIN Publishing GmbH, München

Druck und Bindung: Books on Demand GmbH, Norderstedt, Germany

Covergestaltung: GRIN Publishing GmbH

Inhaltsverzeichnis

Abbildungsverzeichnis V

Tabellenverzeichnis VI

Hinweis: VII

1 Einleitung 1
    1.1 Relevanz 2
    1.2 Fragestellung 3
    1.3 Aufbau und Zielsetzung 4

2 Forschungsfeld 5
    2.1 Erkenntnisstand 5
    2.2 Forschungslücke 9

3 Theoretischer Hintergrund 11
    3.1 Definitionen 11
    3.2 Theoretische Vorannahmen 12
    3.3 Abgeleitete Theorieannahmen für die Interpretation empirischer Befunde 18

4 Methodisches Vorgehen 20
    4.1 Fundierung und Gütekriterien 20
    4.2 Erhebungsmethode 22
    4.3 Ablauf der Erhebungsphase 25
    4.4 Auswertungsmethode 27

5 Empirie und Forschungsergebnisse 29
    5.1 Falldarstellungen 29
    5.2 Fallvergleich 32
    5.3 Typisierung und Mustererstellung 41

6 Diskussion **43**

    6.1 Was motiviert Menschen als digitale Nomaden zu arbeiten? 43

    6.2 Welche Rolle spielt Arbeit im Leben von digitalen Nomaden und inwiefern
unterscheidet sich diese Rolle im Vergleich zu anderen Arbeitsweisen? 45

    6.3 Welche Herausforderungen erleben digitale Nomaden in ihrer Arbeitsweise und welche
Strategien haben sie zur Bewältigung dieser entwickelt? 47

    6.4 Wie nachhaltig ist das digitale Nomadentum für die Einzelperson? 48

7 Reflexion des Forschungsprojekts **49**

    7.1 Reflexion der verwendeten Methoden 49

    7.2 Reflexion der Rolle als Forscher und Interviewleiter 50

8 Fazit und Ausblick **52**

    8.1 Fazit 52

    8.2 Ausblick 53

Literaturverzeichnis **54**

Anhang **58**

    Anhang 1: Leitfaden für problemzentrierte Interviews 59

    Anhang 2: Aufruf zur Suche von Interviewpartnern 63

Abbildungsverzeichnis

Abbildung 1: Bedürfnispyramide nach Maslow 17

Tabellenverzeichnis

Tabelle 1: Bausteine des Interviewleitfadens 24

Gender-Hinweis

Obwohl aus Gründen der Lesbarkeit im Text die männliche Form gewählt wurde, beziehen sich die Angaben auf Angehörige beider Geschlechter.

1 Einleitung

Jedem Arbeitnehmer in Deutschland stehen bei einer Woche mit sechs Werktagen per Gesetz jährlich mindestens 24 Urlaubstage zu. Um sich in dieser Zeit zu erholen, verlassen viele Menschen ihre Heimat und verreisen an bisher unbekannte Orte. Reisen sind teuer, die Erwartungen sind hoch und die Möglichkeiten ein Land und ihre Kultur wirklich kennenzulernen durch die zeitliche Einschränkung begrenzt.

Dass es auch anders gehen kann, zeigt eine ansteigende Zahl von Menschen, die die klassische Trennung von Arbeit und Reisen in der Freizeit aufhebt und beides miteinander kombiniert. Man nennt sie digitale Nomaden - Reisende, die als Angestellte oder Freiberufler von überall auf der Welt arbeiten können, solange sie einen Laptop und eine Internetverbindung haben. An Stelle eines strukturierten Bürojobs, entscheiden sie selbst flexibel wann und von wo sie arbeiten.

Aber wie ist das möglich? Sucht man im Internet nach Antworten, findet man Bilder von Menschen, die mit ihrem Laptop am Strand arbeiten. Beim Gedanken an Sand in der Tastatur und der blendenden Sonne auf dem Bildschirm, mögen erste Zweifel aufkommen. Wer sind diese Menschen, die scheinbar dort arbeiten wollen, wo andere Urlaub machen?

In dieser Arbeit soll es darum gehen, dem Arbeitstrend der digitalen Nomaden auf den Grund zu gehen und die Motivation der digitalen Nomaden, einen solchen Lebensstil zu führen, zu hinterfragen. Ein weiterer Forschungsschwerpunkt soll die Frage bilden, mit welchen Herausforderungen digitale Nomaden konfrontiert werden und wie sie damit umgehen. Es soll außerdem thematisiert werden, ob ein Leben als digitaler Nomade dauerhaft möglich ist und welche Auswirkungen dies hätte.

Ziel ist es durch qualitative und problemzentrierte Leitfadeninterviews, einen Einblick in die Beweggründe von digitalen Nomaden sowie ein Bild der Rolle von Arbeit in ihrem Leben zu erhalten. Da es sich bei der qualitativen Befragung um ein exploratives Verfahren handelt, ist es nicht möglich, Mutmaßungen über mögliche Ergebnisse anzustellen.

1.1 Relevanz

Wandel der Arbeit. Die westlichen Nationen befinden sich im Übergang von der industriellen zur nachindustriellen Wirtschaft. Globalisierung und technischer Fortschritt sorgen für rasante Veränderungen und nie dagewesene Herausforderungen. Die digitale Revolution stellt alte Strukturen in Frage und fordert die Gesellschaft heraus. (vgl. Beise & Jakobs, 2012: p.11) Im Wandel der Arbeitsbedingungen verlieren vorgeschriebene Arbeitszeiten und feste Arbeitsplätze in vielen Branchen zunehmend an Bedeutung. Mobilität ist einer der großen Trends, welcher die Arbeitswelt von morgen bestimmt. (vgl. Beise & Jakobs, 2012: p.9)

Die Wirtschaftskrise 2008 schuf als Nebeneffekt ideale Rahmenbedingungen für ein Zeitalter der Freiberufler. Mobile und Cloud-Technologien sowie soziale Netzwerke wie Facebook und LinkedIn ebnen den Weg dafür. (vgl. Pickard, 2017: p.188) Eine in 2016 veröffentlichte McKinsey Studie zeigt, dass die Zahl der Freiberufler in den USA und Europa bereits bei 20-30% liegt (vgl. Manyika et al., 2016: p.11). „The Industrial Revolution moved much of the workforce from self-employment to structured payroll jobs, now the digital revolution may be creating a shift in the opposite direction" (Pofeldt, 2016: p.2).

Digitale Nomaden. Gleichzeitig steigt die Anzahl derer, die als Freiberufler oder Selbstständige ihre Heimat verlassen und nebenbei die Welt bereisen. Anfangs handelte es sich bei den digitalen Nomaden meist um Kreative, Akademiker oder Informationstechnologen, mittlerweile entdecken aber mehr und mehr Berufszweige den Vorteil der Fernarbeit für sich. (vgl. Pickard, 2017: p.188) In seiner Präsentation auf der Konferenz „DNX Global" in Berlin in 2015, stellt Pieter Levels, Gründer von Plattformen wie Nomad List und Remote OK, die Behauptung auf, dass es in 2035 eine Milliarde digitale Nomaden geben wird. (vgl. Levels, 2015: p.1) Dafür spricht eine Kombination aus Trendprognosen der Demographie, Technologie und Soziologie. Plakativ zusammengefasst: „Fast, cheap internet; Fast, cheap air travel; Lots of freelancers; No marriages; No ownership" (vgl. Levels, 2015: p.1). Die tatsächliche aktuelle Zahl der aktuellen digitalen Nomaden kann ebenfalls nur geschätzt werden. Tatsache ist, dass es immer mehr werden und sie vor allem aus entwickelten Ländern kommen. (vgl. Gelgota, 2017: p.1)

Bedeutung für Arbeitgeber & Arbeitnehmer. Diese Entwicklung bringt neue Herausforderungen für Arbeitgeber konventioneller Unternehmen mit sich. Wollen sie digitale Nomaden beschäftigten, wirkt sich das nicht nur auf die Kommunikation innerhalb der Teams und die Arbeitsatmosphäre, sondern auch auf Führungsstile und Erfolgskontrolle aus. Chancen entstehen hingegen hinsichtlich Flexibilität, Einsparungen bei Räumlichkeiten und höherer Agilität durch die Beschäftigung von Freiberuflern. Auch die Produktivität kann möglicherweise gesteigert werden. (vgl. Jaeger, 2016: p.1) Erste komplett digitale Unternehmen, wie z.B. der Online-Dienst Zapier, zeigen, dass ein Unternehmen nicht mehr unbedingt ein Büro braucht und eine Zusammenarbeit mit 80 Mitarbeitern in 13 verschiedenen Ländern funktionieren kann. (vgl. Elman, 2017: p.1) Für Arbeitnehmer erschließen sich durch die generelle Zunahme an freiberuflichen und selbstständigen Tätigkeiten neue Möglichkeiten. Auch wenn einige die Entwicklung kritisch betrachten und nicht jeder so arbeiten wollen wird, wird es basierend auf den Prognosen für viele Menschen eine Option werden, die mehr Selbstbestimmung und Freiheit mit sich bringen kann. Aber auch Selbstdisziplin und -management sind dadurch gefordert. (vgl. Elman, 2017: p.1f.)

Die Thematik ist somit differenziert zu betrachten, da sie als Arbeitstrend im Zeitalter der Digitalisierung die Wirtschaft und ihre Teilnehmer bereits stark beeinflusst und voraussichtlich in der Zukunft an Bedeutung noch zunehmen wird. Der Versuch, ein Verständnis über die Motive und Herangehensweise dieses Lebens- und Arbeitsstils zu erlangen, wird aus diesem Grund für notwendig gehalten.

1.2 Fragestellung

Aus der oben definierten Relevanz des Forschungsgegenstandes ergeben sich unterschiedliche, jedoch verknüpfte Fragestellungen. Die Verknüpfung der Themenschwerpunkte Motivation und Rolle der Arbeit in Bezug auf digitale Nomaden wird durch die Struktur der durchgeführten problemzentrierten Leitfadeninterviews sichergestellt. Es lassen sich im Einzelnen vier Fragestellungen ableiten:

1. Was motiviert Menschen als digitale Nomaden zu arbeiten?
2. Welche Rolle spielt Arbeit im Leben von digitalen Nomaden und inwiefern unterscheidet sich diese Rolle im Vergleich zu anderen Arbeitsweisen?
3. Welche Herausforderungen erleben digitale Nomaden in ihrer Arbeitsweise und welche Strategien haben sie zur Bewältigung dieser entwickelt?
4. Wie nachhaltig ist das digitale Nomadentum für die Einzelperson?

1.3 Aufbau und Zielsetzung

Die genannten Fragestellungen sollen im Rahmen dieser Arbeit aufgearbeitet und umfassend beantwortet werden. Dafür wird zunächst im Theorieteil das Forschungsfeld hinsichtlich des aktuellen Erkenntnisstandes der Forschung erarbeitet und die theoretischen Hintergründe erläutert. Daraufhin werden die verwendeten Methoden zur Beantwortung der relevanten Fragestellungen detailliert dargestellt. Im Folgenden werden die durch die Auswertung der empirischen Datenerhebung gewonnenen Ergebnisse zusammenfassend in Form von Falldarstellungen und -vergleichen aufgezeigt und eine Typisierung und Mustererstellung vorgenommen. Im Rahmen der anschließenden Diskussion sollen die Ergebnisse in den Gesamtkontext eingeordnet und vor dem theoretischen Hintergrund sowie dem aktuellen Stand der Forschung reflektiert werden. Hierbei wird auch der Erkenntnisgewinn bezüglich der definierten Fragestellungen bewertet. Abschließend erfolgt eine Reflexion des Forschungsvorhabens.

2 Forschungsfeld

Um einen Einblick in den aktuellen Forschungsstand zu digitalen Nomaden, den damit zusammenhängenden Arbeitstrends und Arbeitsmotivationstheorien sowie der Bedeutung von Arbeit für den Menschen zu geben, sollen im folgenden Kapitel relevante Studien und Literatur zu diesem Thema vorgestellt werden. Zunächst wird die Geschichte der Entwicklung des Arbeitstrends hergeleitet und in das Weltgeschehen eingeordnet. Nach Betrachtung des heutigen Erkenntnisstandes wird daraufhin die Forschungslücke für diese Arbeit aufgezeigt und die Relevanz des Themas in Bezug zur Einleitung nochmal erläutert.

2.1 Erkenntnisstand

Die Geschichte. Die Grundlage für digitales Nomadentum wurde mit der Erfindung und Verbreitung des Internets gelegt. Nachdem 1991 die erste Internetseite der Welt online ging, dauerte es nur wenige Jahre bis 1995 schätzungsweise 20-30 Millionen Menschen das Internet nutzten (vgl. Gilbert, 2013: p.1). Kurz darauf erschien auch der Begriff „digital nomad" das erste Mal: Tsugio Makimoto and David Manners veröffentlichten 1997 ihr Buch „Digital Nomad" und prägten damit den Begriff. Sie erkannten bereits 1997 die Veränderungen, die innovative Technologien in den zukünftigen Jahren mit sich bringen würden. Im Vorwort heißt es:

> „Technology does not cause change but it amplifies change. Early in the next millenium it will deliver the capability to live and work on the move. [...] People will therefore be able to ask themselves, Am I a nomad or a settler? For the first time in 10.000 years that choice will become a mainstream life-style option." (Makimoto & Manners, 1997)

Im Jahr 1998 wird der Online-Bezahldienst PayPal gegründet und ermöglicht es, Zahlungen standortunabhängig abzuwickeln - ein Meilenstein für digitale Nomaden. Im selben Jahr bringt außerdem Edward Hasbrouck mit „The Practical Nomad. How To Travel Around The World" den ersten Ratgeber heraus, der Tipps zur Reiseplanung und -finanzierung speziell für digitale Nomaden beinhaltet. Ab 1999 wird das digitale Nomadentum massentauglich, denn Laptops haben nun W-Lan, die Preise sinken und die Akkus halten länger. In diesem Jahr geht auch die globale Plattform „Elance" online, eine Website auf der sich Freiberufler und Unternehmen vernetzen und kollaborieren können. 2014 schließt sich Elance mit dem 2005 gegründeten Wettbewerber oDesk zusammen, welche nun gemeinsam die größte Freiberufler-Plattform der Welt Upwork mit 12 Millionen registrierten Freiberuflern und 5 Millionen Kunden betreiben. Im Jahr 2003 kommt Skype auf den Markt und ermöglicht die internationale Weiterleitung einer Festnetznummer an den Skype-Account oder eine Nummer in einem anderen Land, was heute für die Arbeit vieler digitalen Nomaden unabdingbar ist. 2006 wird der Reiseblogger „Where the Hell is Matt" ein YouTube-Star und erhält als erster Sponsorengelder von Konzernen, um weitere Videos zu produzieren und deren Marken zu repräsentieren. Nachdem 2007 Tim Ferriss, der selbst Unternehmer ist und 2004 fünfzehn Monate durch die Welt reiste, sein Buch „The 4-Hour Work Week. Escape the 9-5, Live Anywhere And Join The New Rich" veröffentlicht, inspiriert er damit eine ganze Generation Reisender. Das Buch wird zum New York-Bestseller und wird von vielen digitalen Nomaden als der Auslöser für die Veränderung ihres Lebens- und Arbeitsstils genannt. (vgl. Gilbert, 2013: p.1)

In den Folgejahren vernetzt sich die Gemeinschaft der digitalen Nomaden vermehrt online auf verschiedenen Plattformen und Blogs, z.B. hat die größte Facebook-Gruppe zum Thema „Digital Nomads Around The World" derzeit 57.372 Mitglieder (Stand: 11.11.2017). Es finden außerdem regelmäßig globale Konferenzen zu dem Thema statt, wie z.B. seit 2012 die DNX Conference (dnxglobal.com).

Auch immer mehr Marken nutzen den Trend, z.B. startet National Geographic 2009 einen eigenen Blog (digitalnomad.nationalgeographic.com) und auch Dell Computers wirbt auf ihrer Website (digitalnomads.com, Website eingestellt in 2012) dafür ihre Technologie dafür zu nutzen, um von überall aus zu arbeiten. Mittlerweile gibt es so viele digitale Nomaden, dass sich ein lukratives Geschäftsmodell daraus entwickelt hat, anderen Menschen zu vermitteln, wie sie selbst digitale Nomaden werden können. In 2010 startet z.B. die Digital Nomad Academy (digitalnomadacademy.com). (vgl. Gilbert, 2013: p.1) Aber auch das Organisieren von gemeinschaftlichen Reisen mit digitalen Nomaden wurde kommerzialisiert, wie z.B. seit 2014 vom Unternehmen Remote Year Inc. (remoteyear.com), welches Komplettpakete verkauft, sodass sich die Kunden um fast nichts mehr selbst kümmern müssen. Das Produkt ist sehr erfolgreich, da der Reisezeitraum feststeht und somit die eventuelle Rückkehr zum ehemaligen Arbeitgeber verhandelt werden kann und durch die Reisegemeinschaft potentielle Partner und Ideen für Neugründungen gefunden werden können. (vgl. Grandke, 2014: p.1)

Digitale Nomaden in der Forschung und Literatur. Das Phänomen „digitale Nomaden" ist erst in den letzten Jahren vermehrt Gegenstand der Forschung und Basis von literarischen Werken geworden. Im Folgenden werden einige relevante Veröffentlichungen vorgestellt.

Unter dem Titel „Community, Identity & Knowledge among Digital Nomad Entrepreneurs" untersuchten 2015 Andrew Lentz und Duyen Nguyen an der Universität Lund (Schweden) im Rahmen ihrer Masterarbeit, inwiefern sich digitale Nomaden der Gesellschaft oder bestimmten Gruppen zugehörig fühlen, wie sie ihre Identität beschreiben und Wissen erlangen. Um ein Verständnis über die Gemeinschaft der digitalen Nomaden zu erlangen und die Identitäten explorativ zu erforschen, führten sie semi-strukturierte Interviews mit acht digitalen Nomaden. Sie stellten fest, dass viele der Interviewten sich in ihrer Heimat als Außenseiter fühlten und daher zu reisen begannen. Ihre Befunde zeigten, dass die meisten digitalen Nomaden alleinstehend sind und der Lebensstil eine Familienplanung schwer zulässt. Auch zur Arbeitsweise machten sie Beobachtungen: „Given a lack of outside structure in the form of a job, or even location, DNEs [Digital Nomad Entrepreneurs] expressed the ability to stay focused as a key component to survival." (Lentz & Nguyen, 2015: p.44)

In ihrer Bachelorarbeit mit dem Titel „Digital Nomads: The Drivers and Effects of Becoming Location Independent", die sie 2015 an der Hochschule Breda (Niederlande) verfasste, beschäftigte sich Kayleigh Franks mit folgenden Fragen:

1. How digital nomadism differentiates from other forms of long-term travel?
2. What are the push/pull factors of becoming location independent?
3. What are the effects of becoming a digital nomad?" (Franks, 2015: p.4).

Für die Untersuchung führte sie 22 Interviews in Chiang Mai, Thailand, einer der Hochburgen für digitale Nomaden. Als Push-Faktoren identifizierte sie „the unchallenging 9-5 jobs they previously had, safety and escaping their individual comfort zones" (Franks, 2015: p.4), Pull-Faktoren waren unter anderem Bücher, insbesondere „The 4-hour Work Week" von Tim Ferriss, die glamouröse Darstellung von digitalen Nomaden in den Medien und Freiheit (vgl. ebd. p.5). Der Wandel zum digitalen Nomaden ruft eine Steigerung der Kreativität, eine Abnahme an Erfolgserlebnissen und Einsamkeit hervor. (vgl. Franks, 2015: p.6)

2010 veröffentlichten Brian Harmer und David Pauleen einen Artikel in der Fachzeitschrift „Behavior & Information Technology" mit dem Titel „Attitude, aptitude, ability and autonomy: the emergence of 'offroaders', a special class of nomadic worker". Die Autoren beschreiben eine aufstrebende Arbeiterklasse, die omnipräsente Technologien mit Persönlichkeiten vereint: Diese Menschen lösen gerne Probleme, sind zielstrebig und brauchen hohe Autonomität. Sie bringen einen gewissen Grad an Unternehmertum mit und favorisieren die Freiheit zu arbeiten wann und wo sie wollen. Ihre Forschung zielt darauf ab, Nachweise für diese andere Art zu arbeiten zu finden und suggeriert, welche Auswirkungen die Anstellung von Individuen mit der beschriebenen Persönlichkeit auf Managementprozesse von Organisationen hat. (vgl. Harmer & Pauleen, 2010: p.4) Die Ergebnisse ihrer Studie zeigen, dass die scheinbar unbegrenzte Autonomität von nomadischen Arbeitern nur in ihrem eigenen Arbeitskontext gegeben ist, d.h. sie beinhaltet zeitliche und ortsgebundene Restriktionen. Ein freiberuflicher Journalist muss z.B. seine Zeit- und Ortsplanung an die seines Interviewpartners anpassen. Auch bei Teamarbeit muss weiterhin eine Abstimmung erfolgen, was mit den Präferenzen des nomadischen Arbeiters kollidieren kann. (vgl. Harmer & Pauleen, 2010: p.6f.)

Der erste erfolgreiche deutschsprachige Ratgeber „Wir nennen es Arbeit: Die digitale Boheme oder: Intelligentes Leben jenseits der Festanstellung" von Holm Friebe und Sasha Lobo (2006), nähert sich der Thematik digitaler Nomaden auf Basis eigener Erfahrungen. Die Autoren lieferten den Medien Material zur kontroversen Diskussion des Themas. Sie erklären die Möglichkeiten dieser Lebensform, Geschäftsmodelle und brechen mit konventionellen Arbeitsverhältnissen. (vgl. Friebe & Lobo, 2008: p.15f.) Kritiker warfen den Autoren zur Zeit der Veröffentlichung jedoch eine mangelnde Reflektion der beworbenen Ideologie und eine Kompatibilität des Lebensstils für eine absolute Minderheit der Bevölkerung vor (vgl. Rathgeb, 2006: p.1).

Die Literaturrecherche zum Thema digitale Nomaden verdeutlicht, dass sich vor allem die digitalen Nomaden selbst mit ihrer besonderen Lebens- und Arbeitsform beschäftigen. Auf unzähligen Blogs, YouTube-Kanälen und anderen sozialen Medien werden nicht nur hilfreiche Erfahrungen, sondern auch kritische Gedanken zur z.B. Nachhaltigkeit des Lebensstils und Nachteilen der Arbeitsweise geteilt (vgl. May, 2017: p.1).

Auch die internationalen Medien berichten seit einigen Jahren stetig über das Phänomen digitale Nomaden. Für ihren Artikel „Globetrotting Digital Nomads: The Future of Work or Too Good To Be True?" (2015) recherchierte Autorin Beth Altringer für das Magazin Forbes selbst im Umfeld der digitalen Nomaden und führte in Ubud, Bali Interviews mit zahlreichen Personen zu ihrem Lebensstil. Sie interessierte sich insbesondere dafür, ob diese Arbeitsweise finanziell dauerhaft tragbar ist und sich lohnt. Dafür startete sie Anfang 2015 eine globale Befragung mit dem Fokus auf der Finanzplanung von digitalen Nomaden. „I wanted to figure out if this was a viable career lifestyle, a subsidized holiday, or a relatively high-risk financial and career gamble" (Altringer, 2015: p.1). Sie stellte fest, dass die Hochverdienenden der Studie aus drei Gruppen bestehen: Unabhängige Finanzmanager, mehrfache Unternehmer und elitäre Software-Ingenieure. Im Durchschnitt verdient diese Oberschicht 8.000 U.S.-Dollar pro Monat, wobei die Unternehmer deutlich mehr als die anderen verdienen. Die Mittelschicht besteht aus Unternehmern, ehemaligen Mitarbeitern von erfolgreichen Start-Ups und gefragten Mitarbeitern aus Tech-Unternehmen, die verhandelt haben, von irgendwo aus zu arbeiten. Am mittleren und unteren Ende der Einkommenshöhe sind deutlich mehr digitale Nomaden verschuldet (mehr als 60% haben über 60.000 U.S.-Dollar Schulden). Die ausgeübten Tätigkeiten auf dieser Ebene sind u.a. Online-Verkäufe und Marketing, Blogging und Life Coaching. (vgl. Altringer, 2015: p.1)

2.2 Forschungslücke

Insgesamt zeigen die dargestellten Studien die vielfältigen Forschungsschwerpunkte, die darauf abzielen, digitale Nomaden als Arbeitstrend, als Persönlichkeit oder gesellschaftliches Phänomen besser verstehen und einordnen zu können. Die Veröffentlichungen fokussierten jeweils einen oder mehrere Aspekte, analysierten diesen intensiv und strebten oftmals empirische Belege an.

Die vorliegende Arbeit orientiert sich an diesem Vorgehen und befasst sich mit einer auf digitale Nomaden bezogenen Thematik, die in dieser Form noch nicht behandelt wurde. Die Frage nach der Motivation zum digitalen Nomadentum, lässt sich lediglich ansatzweise in der Untersuchung von Kayleigh Franks Push- und Pull-Faktoren wiederfinden. Lentz und Nguyen legten den Schwerpunkt auf Gemeinschaft, Identität und Wissen, thematisieren in ihrer empirischen Auswertung jedoch auch Erkenntnisse bezüglich der Motivation und Arbeitsweisen der Interviewten. Somit zielen die Fragestellungen dieser Arbeit darauf ab, einen neuen Fokus auf das Thema digitale Nomaden zu setzen und durch die Diskussion der empirischen Ergebnisse sowie des theoretischen Hintergrunds, einen Beitrag dazu zu leisten, die Forschungslücke zum Thema „Motivation von digitalen Nomaden und die Rolle von Arbeit in ihrem Leben" zu schließen.

3 Theoretischer Hintergrund

Nachdem der aktuelle Stand der Forschung dargelegt wurde, soll nun der theoretische Hintergrund dieser Arbeit beleuchtet werden. Zunächst werden die notwendigen Definitionen der relevanten Begrifflichkeiten abgegrenzt und erläutert. Anschließend soll der Fokus auf die sozialpsychologischen Funktionen von Arbeit gerichtet werden. Neben den Theorien der Arbeitsmotivation unter Betrachtung von sowohl Inhalts- als auch Prozesstheorien, sollen auch Faktoren der Arbeitszufriedenheit beleuchtet werden.

Um den theoretischen Hintergrund mit der auf die Fragestellung dieser Arbeit ausgerichteten Empirie zu verknüpfen, werden im abschließenden Teil dieses Kapitels die daraus hervorgehenden, kritischen Vorannahmen abgeleitet.

3.1 Definitionen

Digitaler Nomade. Ein digitaler Nomade ist ein Unternehmer, Arbeitnehmer oder Freiberufler, der hauptsächlich digitale Technologien verwendet, um seine Arbeit zu verrichten und gleichzeitig ein ortsunabhängiges bzw. multilokales Leben führt (vgl. Franks, 2016: p.8). Dabei muss die Person nicht zwingend ihr Heimatland verlassen, um als digitaler Nomade zu gelten, ausschlaggebend ist vielmehr die innere Einstellung und Denkweise. (vgl. Gelgota, 2017: p.1) Der Begriff „digitaler Nomade" ist nicht der einzige, der für reisende Arbeiter verwendet wird. Im Zusammenhang mit dem Thema findet sich u.a. auch die Verwendung von „E-Worker", „Internet-Nomade", „Büronomade" oder „Urban Nomad". (vgl. Pickard, 2017: p.188) Das Dasein eines digitalen Nomaden wird häufig als „location independent" erklärt - ein Begriff der durch die Bloggerin Lea Woodward und ihren gleichnamigen Blog (locationindependent.com) geprägt wurde.

Abgrenzung zu Telearbeit. Unter Telearbeit (auch Fernarbeit, Teleworking oder Telecommuting) werden Arbeitsformen verstanden, bei denen der Arbeitnehmer mindestens einen Teil seiner Arbeit außerhalb des Gebäudes des Arbeitgebers verrichtet. Die genauen Regelungen werden in einem Arbeitsvertrag oder einer Betriebsvereinbarung festgehalten. Telearbeiter können auch digitale Nomaden sein, der Begriff digitales Nomadentum schließt Telearbeit mit ein, lässt sich aber nicht auf diese Arbeitsform reduzieren, da auch Selbstständige und Freiberufler digitale Nomaden sein können. (vgl. Gabler Wirtschaftslexikon, 2017 a: p.1)

Abgrenzung zu Expatriates. Ein Expatriate (kurz Expat) ist ein Arbeitnehmer, der von seinem Arbeitgeber vorübergehend an einen ausländischen Standort des Unternehmens entsandt wird. Der Zeitraum beträgt meist ein bis fünf Jahre. Dabei hat der Expatriate im Gastland im Normalfall für die Dauer des Einsatzes einen festen Wohnsitz und Arbeitsplatz und unterscheidet sich somit eindeutig vom ortsunabhängig arbeitenden digitalen Nomaden. (vgl. Gabler Wirtschaftslexikon, 2017 b: p.1)

Abgrenzung zu Work & Travel. Die Reiseform Work & Travel ist ein Auslandsaufenthalt, bei dem Reisende sich durch kurze oder längere Gelegenheitsjobs vor Ort finanzieren. Es ist eine Kombination aus intensivem Bereisen eines Landes und wechselnden Jobs, welche aber auch ein Praktikum oder ehrenamtliche Tätigkeiten sein können. Work & Travel Visa, vor allem in Australien, Neuseeland und Kanada, werden auch von digitalen Nomaden genutzt. Diese Reiseform in ihrem ursprünglichen Sinn kann aber dem digitalen Nomadentum nicht gleichgesetzt werden, da die Reisenden ihre Arbeit nicht digital sondern vor Ort verrichten. (vgl. Möller, 2016: p.1)

Freiberufler (engl. Freelancer). Zu der freiberuflichen Tätigkeit gehören die selbstständig ausgeübte wissenschaftliche, künstlerische, schriftstellerische, unterrichtende oder erzieherische Tätigkeit, die selbstständige Berufstätigkeit der z.B. Ärzte, Rechtsanwälte, Ingenieure, Architekten, Wirtschaftsprüfer, beratenden Volks- und Betriebswirte, Heilpraktiker, Journalisten, Bildberichterstatter, Übersetzer und ähnlicher Berufe. (vgl. §18 EStG) Eine freiberufliche Tätigkeit ist nach deutschem Recht kein Gewerbe. Menschen, die freie Berufe ausüben, werden als Freiberufler bezeichnet. Die freien Berufe haben im Allgemeinen auf der Grundlage besonderer beruflicher Qualifikation oder schöpferischer Begabung die persönliche, eigenverantwortliche und fachlich unabhängige Erbringung von Dienstleistungen höherer Art im Interesse der Auftraggeber und der Allgemeinheit zum Inhalt. (vgl. Bruns, 2017: p.1)

3.2 Theoretische Vorannahmen

Funktionen der Arbeit. Als Ausgangspunkt der Betrachtung wird, ohne auf die umfangreiche Diskussion zur historischen Entwicklung der Arbeit sowie den möglichen Betrachtungsebenen und Aspekten dieses Begriffs einzugehen (vgl. z.B. Wiswede, 1980: p.9ff.), ein Überblick über die Funktionen von Arbeit gegeben. (Lück, 1990: p.69)

Die in den 1930er Jahren durchgeführte Studie „Die Arbeitslosen von Marienthal", von Marie Jahoda, Paul Larzarsfeld und Hans Zeisel (1930) wies systematisch die psychische Bedeutung von Arbeit und Arbeitslosigkeit nach. Im Zuge dessen fasste sie in ihrem Modell der manifesten und latenten Funktionen der Erwerbsarbeit fünf Erfahrungs- und Erlebniskategorien zusammen. Mit der An- oder Abwesenheit dieser Dimensionen setzen sich die Menschen unserer Gesellschaft fortwährend auseinander, so Jahoda (vgl. Leithäuser et al., 2013: p.64; vgl. Leithäuser et al., 2009: p.100).

> „Man kann aufgrund einer Analyse der Arbeit als Institution einige weitere Erfahrungen benennen, die der überwältigenden Mehrheit der Arbeitenden aufgezwungen werden: Die Auferlegung einer festen Zeitstruktur, die Ausweitung der Brandbreite sozialer Erfahrungen in Bereiche hinein, die weniger stark emotional besetzt sind als das Familienleben, die Teilnahme an kollektiven Zielsetzungen oder Anstrengungen, die Zuweisung von Status und Identität durch die Erwerbstätigkeit und die verlangte regelmäßige Tätigkeit. Diese Erlebniskategorien unterliegen nicht der Willkür eines guten oder schlechten Unternehmers, sie folgen notwendigerweise aus den Strukturen der modernen Erwerbstätigkeit." (Jahoda, 1983: p.99f.)

Laut Jahoda hat sich die Struktur des Erwerbslebens mindestens seit Beginn der industriellen Revolution nicht mehr geändert. Es gebe zwar noch andere gesellschaftliche Institutionen, die ihren Mitgliedern eine oder mehrere dieser Kategorien aufzwingen, aber nur die Notwendigkeit seinen Lebensunterhalt zu bestreiten verbindet sie alle. (vgl. Jahoda, 1983: p.99f.) „All diese Erlebniskategorien hat Freud einmal in einem Aphorismus beschrieben, als er gesagt hat, dass die Arbeit der Menschen stärkste Bindung an die Realität ist. Diese Bindung an die Realität brauchen wir alle, wenn wir uns nicht verlieren wollen in Tagträumen und Phantasien." (Jahoda, 1983: p.46) Zusammenfassend beschreiben somit die fünf Erlebniskategorien als latente Funktionen die sozialisatorischen Wirkungen der Arbeit, die manifeste Funktion ist der Gelderwerb. Darüber hinaus beschreiben diese Kategorien den Beitrag, den die Arbeit für die Bildung des Lebenssinns der meisten Menschen leistet. (vgl. Leithäuser et al., 2013: p.64) Die Erlebniskategorien können sowohl gute als auch schlechte Qualitäten haben, aber das Erlebnis dieser ist unvermeidlich (vgl. Jahoda, 1983: p.46). Im Folgenden sollen die fünf Erlebniskategorien erläutert werden:

- **Zeitstruktur.** Arbeit teilt den Tag in Arbeitszeit und Freizeit auf und gibt somit eine genaue Planung des Tages vor, an die sich ein Mensch halten kann bzw. muss. Sie zwingt den Menschen zu einem strukturierten Tagesablauf und bindet ihn in den Rhythmus der Gesellschaft ein. (vgl. Jahoda, 1984: p.12) Jahoda nennt Arbeit als Voraussetzung für Freizeit, weil diese erst reizvoll wird, wenn sie knapp ist. Somit ist unfreiwillige Arbeitslosigkeit nicht mit Freizeit gleichzusetzen. (vgl. Jahoda, 1995: p.11)
- **Aktivität.** Die organisierte Arbeit erzwingt eine Aktivität des Menschen. Durch die auferlegten Strukturen bekommt der Mensch eine Aufgabe und entwickelt durch die wiederholte Tätigkeit Qualifikationen. Daraus ergeben sich Kompetenzen und ein generelles Gefühl von Handlungskompetenz. (vgl. Jahoda, 1995: p.12)
- **Kollektivität.** Organisierte Arbeit ist eine tägliche Demonstration, „dass es kollektive Zusammenarbeit geben muss, um die materielle Kultur eines industrialisierten Landes zu erhalten" (Jahoda, 1983: p.45). Eine Einzelperson kann zwar auch alleine etwas bewerkstelligen, aber sie kann z.B. nicht alleine ein Stahlwerk betreiben. Durch Arbeitsteilung wird der kollektive Zweck der Arbeit verdeutlicht. Der Mensch hat zudem eine stark ausgeprägte soziale Existenz. (vgl. Jahoda, 1983: p.46)
- **Identität und Status.** Arbeit bestimmt in allen industrialisierten Ländern den Status und die Identität eines Menschen. Sie zeigt einem, wo man in der Gesellschaft steht, unabhängig davon wie der Mensch dies bewertet. (vgl. Jahoda, 1983: p.46).
- **Erweiterung des sozialen Horizonts.** Der Kontakt zu Kollegen am Arbeitsplatz spielt sich auf einer weniger emotionalen Ebene ab, als der Kontakt zur eigenen Familie. Der Mensch ist gezwungen Kontakte aufzubauen, die er privat nicht suchen würde. Dies führt zu einer Bewusstseinserweiterung, denn „selbst eine scheue und zurückgezogene Person [ist] gezwungen, ihre Kenntnisse von der sozialen Welt zu erweitern, da sie Ähnlichkeiten oder Unterschiede der Gewohnheiten, Ansichten und Lebenserfahrungen anderer im Vergleich zu den eigenen beobachtet." (Jahoda, 1995: p.50) Nach Jahoda sind diese Kontakte als Gegenstück

zur Emotionalität der Familie existentiell notwendig (vgl. Jahoda, 1995: p.50).

Die Arbeitswelt hat sich seit der Veröffentlichung Jahodas weiterentwickelt. Die objektiven Arbeitsbedingungen in den meisten Arbeitsorganisationen haben sich, wie einleitend erläutert, in den letzten Jahrzehnten verändert. (vgl. Leithäuser et al., 2009: p.101) Jahodas Modell bezieht sich außerdem vor allem auf Arbeitnehmer und ist nicht vollständig auf selbstständig Tätige anwendbar. Nichtsdestotrotz sollen in dieser Arbeit die Erkenntnisse von Jahoda als Basis für die Betrachtung der Arbeitsweisen und Herausforderungen von digitalen Nomaden dienen, da sie bis heute das Fundament für die Auseinandersetzung von Soziologen mit den Funktionen von Arbeit bilden.

Arbeitszufriedenheit. Das Konstrukt der Arbeitszufriedenheit wird von Kirchler als „die generelle Einstellung einer Person zu ihrer Arbeit" (vgl. 2005: p.243) definiert. Die Zufriedenheit ergibt sich aus der Summe subjektiver Zufriedenheiten mit einzelnen Arbeitsaspekten, wobei die wichtigsten Facetten die Arbeitsaufgabe, Kollegen, Vorgesetzte und Arbeitsbedingungen mit jeweils unterschiedlichen Gewichtungen sind. (vgl. Felfe & Six, 2006: p.39f.) In Abgrenzung zum Begriff der Arbeitsmotivation legt die Arbeitszufriedenheit „den Schwerpunkt auf die Gefühle und Einstellungen gegenüber der Arbeit, berücksichtigt aber auch das Verhalten" (Weinert, 2004: p.246). Bei der Arbeitsmotivation liegt der Fokus hingegen allein auf dem Verhalten. (vgl. Walser, 2012: p.3) Nicht zu verwechseln ist Arbeitszufriedenheit mit Leistungsmotivation, welche als Aspekt der Arbeitsmotivation „die Bereitschaft, sich - engagierter als durchschnittlich üblich - mit der Aufgabenerfüllung zu beschäftigen" (Berthel & Becker, 2010: p.48) beschreibt.

Eine Vielzahl an Motivationstheorien liefern Erklärungsmodelle für die Entstehung von Arbeitszufriedenheit. Im Folgenden sollen die relevantesten Motivationstheorien aufgeführt und erläutert werden.

Arbeitsmotivation. Die Motivationsforschung zielt darauf ab menschliche Bedürfnisse zu kategorisieren und einzuordnen. „Ein Bedürfnis (need) [wird] als ein interner Mangelzustand verstanden [..], der Kognitionen und Verhalten insofern steuert, dass damit eine Bedürfnisbefriedigung erreichbar erscheint" (Kirchler, 2005: p. 326). Vom Transfer in die Arbeitswissenschaften wurde erwartet das Arbeitsverhalten anhand von Motivlagen prognostizieren zu können (vgl. Walser, 2012: p.4). In Bezug auf Arbeitsmotivationstheorien wird zwischen zwei Theoriearten unterschieden, die jeweils einen unterschiedlichen Aspekt der Motivation betrachten: Den Inhalts- und Prozesstheorien. Inhaltstheorien entwickeln Taxonomien menschlicher Motive und humanistisch orientierte Konzepte. Sie postulieren universelle Motivstrukturen, können aber die individuellen Unterschiede in der Arbeitsleistung nicht erklären. Dahingegen erklären Prozesstheorien die Dynamik der Motivation und kognitiv orientierte Konzepte. Durch die Dynamik in der Prozessperspektive ist zu erklären, mit welcher Intensität und Ausdauer Handlungsalternativen verfolgt und die dabei erzielten Ergebnisse bewertet werden. Berücksichtigt man die Chronologie der Publikationen, wird ersichtlich, dass die Theorien oftmals aufeinander aufbauen. (vgl. Walser, 2012: p.4f.)

Im Folgenden sollen für die Thematik dieser Arbeit ausgewählte Inhalts- und Prozesstheorien vorgestellt, erläutert und in der späteren Diskussion mit der Empirie dieser Arbeit in Verbindung gebracht werden. Es handelt sich bei der Maslowschen Bedürfnishierarchie (1954) und der Leistungsmotivationstheorie nach McClelland (1961) um Inhaltstheorien, bei dem Zirkulationsmodell nach Porter und Lawler (1968) und der Feldtheorie nach Lewin (1963) um Prozesstheorien.

Die *Maslowsche Bedürfnishierarchie*, auch bekannt als Bedürfnispyramide, ist eine sozialpsychologische Theorie, die menschliche Bedürfnisse in fünf Kategorien hierarchisch darstellt (vgl. Abb. 1). Sie wurde 1954 von Abraham Maslow entwickelt und gilt als inhaltstheoretische Grundlage für spätere Konzepte der Arbeitsmotivation. (vgl. Kirchler, 2005: p.99) An der Basis stehen physiologische Bedürfnisse, wie Hunger oder das Schlafbedürfnis, welche die physische Existenz sichern. Ihnen übergeordnet sind Sicherheitsbedürfnisse, wie Stabilität, Geborgenheit und Struktur, die das Individuum vor Gefahren aus der Umwelt schützen. Soziale Bedürfnisse beinhalten Freundschaft, Liebe und Zugehörigkeit und sichern das Zusammenleben in z.B. einer Familie. Darüber stehen die Bedürfnisse nach Anerkennung, Achtung und Wertschätzung. (vgl. Drumm, 2008: p.392) Maslow differenziert später das Bedürfnis nach Selbstachtung und die Anerkennung durch Dritte (vgl. Maslow, 1970: p.97). An der Spitze steht das Bedürfnis nach Selbstverwirklichung, das Streben des Menschen das zu tun wofür er geeignet ist und seiner Natur treu zu bleiben (vgl. Maslow, 1970: p.74ff.). DIe Bedürfnisse einer unteren Kategorie müssen weitestgehend erfüllt sein, bevor diejenigen der höheren Kategorie als existent empfunden werden. (vgl. Drumm, 2008: p.392)

Kritiker werfen Maslow vor, dass die Abgrenzung der verschiedenen Ebenen seiner Theorie zu starr und mechanisch sei und sein Beitrag nicht auf arbeitsmotivationale Theorien zu übertragen sei. (vgl. Berthel/ Becker, 2010: p.50f.)

Abbildung 1: Bedürfnispyramide nach Maslow (vgl. Hutzschenreuter, 2009: p.275)

Leistungsmotivationstheorie. McClelland postulierte 1961, in seiner Leistungsmotivationstheorie, dass die Motivation eines Menschen aus drei dominierenden Motiven resultiere: Machtmotiven, Leistungsmotiven und Beziehungsmotiven. Leistung wird nach dieser Vorstellung an subjektiven Qualitätsansprüchen gemessen. (vgl. McClelland, 1961: p.34) Diese Motive sind bei jedem Menschen unterschiedlich stark ausgeprägt und werden durch die Sozialisation, den kulturellen Hintergrund, die Arbeits- und Berufserfahrung sowie die gegenwärtige Arbeitssituation geprägt (vgl. Staehle, 1999: p.227). Im Gegensatz zu Maslow ist McClelland der Meinung, dass sich diese Motive über das Leben hinweg entwickeln. Schwerpunkt von McClellands Forschung lag auf dem Leistungsbedürfnis (vgl. Weinert, 2004: p. 145). Die Theorie McClellands hat breite Verwendung gefunden und wurde sogar von der individuellen Ebene auf die Ebene der gesamtwirtschaftlichen Entwicklung übertragen. Demnach ist das Leistungsmotiv ein zentraler Motor der gesamtwirtschaftlichen Entwicklung. (vgl. Stock-Homburg, 2010: p.74)

Zirkulationsmodell. Das von Lyman W. Porter und Edward E. Lawler vorgestellte Zirkulationsmodell ist ein Erklärungsansatz des Zusammenhangs zwischen Arbeitsleistung und Arbeitszufriedenheit. Das Modell korrespondiert mit dem Gleichheitsprinzip von Adams und dem Erwartungs-Wert-Modell von Vroom. Die Autoren gehen davon aus, dass die individuelle Motivation im Arbeitsprozess von zwei Wahrscheinlichkeiten abhängt. Einerseits, ob der Handelnde erwartet, dass Anstrengung mit großer Wahrscheinlichkeit zu besseren Arbeitsleistungen führt, andererseits ob eine höhere Arbeitsleistung Ziele und Ergebnisse herbeiführt, die für die Person einen Wert oder zumindest Anziehungskraft besitzen. Empirische Studien belegen die Gültigkeit des Zirkulationsmodells. (vgl. Weinert, 2004: p.208)

Feldtheorie. Kurt Lewin konzipierte 1963 das dynamische Modell zur Feldtheorie. Ziel war die Analyse individuellen und sozialen Verhaltens. Lewin spricht von sogenannten Vektorkräften, die für das menschliche Verhalten in Situationen eine psychologische Relevanz haben. (vgl. Lewin, 2012: p.89f.) Nach seiner Theorie lässt ein Bedürfnis Energie frei, verleiht ihm Wert (Valenz) und steuert das Verhalten in eine bestimmte Richtung (Vektor). Lewin betrachtet das gesamte Lebensumfeld mathematisch als topologischen Raum, es gibt die drei Variablen Verhalten = V, Person= P und Umwelt= U, wobei P und U wechselseitig abhängige Variablen sind. Das Verhalten und die Handlungen eines Menschen sind immer Feldhandlungen, also ist ein konkretes Verhalten immer ein Resultat aus anziehenden und abstoßenden Feldkräften, die auf einen Menschen einwirken. (vgl. Lewin, 2012: p. 92f.) Lewin ist außerdem Begründer des Begriffs Gruppendynamik. Nach seiner Auffassung besteht dasselbe Kräftefeld auch innerhalb einer Gruppe, dass sich durch die Interaktionen zwischen einzelnen Gruppenmitgliedern erkennen lässt. Lewins Mitarbeiter Brown weitete die psychologische Feldtheorie später auf die Gesellschaft aus. (vgl. Lück, 1996: p.122ff.)

3.3 Abgeleitete Theorieannahmen für die Interpretation empirischer Befunde

Dieser theoretische Rahmen von den Funktionen der Arbeit als Grundlage über das Konstrukt der Arbeitszufriedenheit als Verständnis von Einstellungen und Gefühlen gegenüber Arbeit bis zu den Theorien der Arbeitsmotivation zum Verständnis von menschlichen Bedürfnissen und Handlungsmotiven, bildet die Grundlage dieser Arbeit. Zusammenfassend werden basierend auf den erläuterten Ansätzen folgende Theorieannahmen formuliert:

- Arbeit geht für die große Mehrheit der Gesellschaft einher mit einer festen Zeitstruktur, sozialen Kontakten mit Kollegen und Vorgesetzten, einer Zusammenarbeit im Team oder gemeinsamen Zielsetzungen, einem sozialen Status und dem damit verbundenen Zwang zur Aktivität und regelmäßiger Tätigkeit.
- Arbeitszufriedenheit entsteht, wenn die Person mit der Summe der einzelnen Arbeitsaspekte, also den genannten Erlebniskategorien, zufrieden ist. Dabei ist nicht nur ihr Verhalten, sondern auch die generelle Einstellung gegenüber der Tätigkeit und ihre damit verbundenen Gefühle relevant.
- Arbeitsmotivationstheorien beschäftigen sich klassischerweise damit, Arbeitsverhalten und -leistung prognostizieren zu wollen. Die Entscheidung warum jemand eine bestimmte Tätigkeit wählt, hängt von seinen individuellen Bedürfnissen ab. In Anlehnung an Maslow wäre ausschlaggebend auf welcher Stufe der Bedürfnishierarchie sich jemand befindet, also welche Bedürfnisse bereits befriedigt sind und welche als nächstes im Fokus der Erreichung stehen.
- Wie stark das Macht-, Leistungs- und Beziehungsmotiv eines Menschen ausgeprägt ist, wird durch die Sozialisation, den kulturellen Hintergrund, Arbeits- und Berufserfahrung sowie die gegenwärtige Arbeitssituation geprägt. Die Motive entwickeln sich im Laufe des Lebens eines Menschen und sind nicht von Geburt an gegeben.
- Die Höhe der Arbeitsmotivation hängt davon ab, ob die Person erwartet, dass ihre Anstrengung mit großer Wahrscheinlichkeit zu besserer Leistung führt und ob die höhere Leistung erstrebenswerte Ergebnisse herbeiführen würde.

4 Methodisches Vorgehen

Im folgenden Abschnitt wird die für die Empirie verwendete Erhebungs- und Auswertungsmethode detailliert erläutert. Zunächst wird dazu auf das gewählte Forschungsparadigma und die Gütekriterien qualitativer Forschung nach Mayring eingegangen. Es folgt die Erläuterung und Begründung der Erhebungsmethode des problemzentrierten Leitfadeninterviews, die Darstellung des entwickelten Leitfadens, ein Überblick über den Ablauf der Erhebungsphase sowie die verwendeten Transkriptionsregeln. Darauf aufbauend wird die Wahl der Auswertungsmethode begründet und abschließend werden die Auswahlkriterien der Untersuchungsgruppe erläutert.

4.1 Fundierung und Gütekriterien

Forschungsparadigma. Das normative und das interpretative Paradigma sind die zwei unterschiedlichen Forschungsparadigmen, die Wilson grundsätzlich voneinander abgrenzt (vgl. Wilson, 1973: p.54ff.). Da diese Thesis im interpretativen Paradigma zu verorten ist, soll dieses im Folgenden erläutert werden.

Im interpretativen Paradigma werden Interaktionen als interpretativer Prozess wahrgenommen (vgl. Wilson, 1973: p.66). Das bedeutet, dass sich die Interakteure aufeinander beziehen, eine gemeinsame Handlung wechselseitig interpretieren und so in einer Situation Schlüsse über die Deutungen des anderen ziehen (vgl. Wilson, 1973: p.59). Aus diesem Grund ist eine deduktive Herangehensweise im interpretativen Paradigma nicht zielführend. Im interpretativen Paradigma muss das Handeln nach den Absichten und der Situation der Handelnden gedeutet werden. Für den Forschungsprozess bedeutet dies, dass man den Sinn einer Handlung nur aus der Perspektive der Beteiligten einer Situation heraus verstehen kann (vgl. Wilson, 1981: p.61). Es sollen keinesfalls im vorhinein definierte Variablen mit abbildenden Beschreibungen gemessen werden, vielmehr geht es darum, Begriffe zu finden, die durch die Füllung mit empirischen Inhalten, in ein Interpretationsschema passen, welches auf ein konkretes soziales Phänomen, wie im vorliegenden Fall, angewendet werden kann. (vgl. Wilson, 1973: p.69f.) Um die subjektiven Erlebens- und Verhaltensmuster bezüglich des digitalen Nomadentums zu hinterfragen, gestaltet sich daher nur eine Vorgehensweise gemäß des interpretativen Paradigmas als sinnvoll. (vgl. Keller, 2012: p.17).

Ziel der Verbindung des interpretativen Paradigmas mit der qualitativen Forschungsmethode dieser Thesis ist folglich, eine unvoreingenommene Herangehensweise und ein induktives Vorgehen anzustreben (vgl. Keller, 2012: p.14). In der Studie geht es darum, die Motivation von digitalen Nomaden diesen Lebensstil zu führen oder eine Definition der Rolle von Arbeit in ihrem Leben als Phänomen greifbarer zu machen und ein Interpretationsmuster zu entwickeln, das auf dieses Phänomen angewendet werden kann.

Dementsprechend wird auch das Erfordernis einer qualitativen Erhebungsmethode deutlich. Im Rahmen der Interviews soll den Interviewpartnern Raum gegeben werden, um ihr eigenes Relevanzsystem zu entwickeln. Nach Keller sind vor allem in der Betrachtung von Sinnzuschreibungen der Befragten quantitative Methoden nicht ausreichend, da sie die Erlebniswelt des Befragten auf vorgegebene Antwortkategorien reduzieren (vgl. 2012: p.14). Eine qualitative Erhebungs- sowie Auswertungsmethode erweist sich demnach in diesem Forschungskontext als zielführend.

Qualitative Gütekriterien. Um die Qualität der Forschungsergebnisse der empirischen Untersuchungen sicherzustellen, orientiert sich diese Arbeit an den folgenden sechs qualitativen Gütekriterien: Verfahrensdokumentation, argumentative Interpretationsabsicherung, Regelgeleitetheit, Nähe zum Gegenstand, kommunikative Validierung und Triangulation (vgl. Mayring, 2002: p.140ff.)

Das Gütekriterium der Verfahrensdokumentation erfordert eine detaillierte Dokumentation der Vorgehensweise, daher ist dies durch die Erläuterung des methodischen Vorgehens gegeben. Die Kriterien der argumentativen Interpretationsabsicherung und Regelgeleitetheit werden durch die gewählte Auswertungsmethode erfüllt und über die Methode der problemzentrierten und leitfadengestützten Interviews ist die Nähe zum Gegenstand gegeben. Die Validität wird durch die Auswertung der problemzentrierten Interviews und deren Diskurs erreicht (vgl. Witzel, 1996: p.66ff.). Dabei erfolgt eine Rückkopplung mit den Originaldaten und aufgestellte Deutungshypothesen oder Muster werden ständig angepasst. Das Kriterium der Triangulation wird durch den Vergleich unterschiedlicher Datenquellen, Autoren und Theorieansätze erfüllt. (vgl. Mayring, 2002: p.147f.)

4.2 Erhebungsmethode

Methode des problemzentrierten Leitfadeninterviews. Begründet durch das interpretative Forschungsparadigma, wurde das problemzentrierte Leitfadeninterview als Erhebungsmethode gewählt (vgl. Witzel, 2000: p.1). Bei dieser von Merton und Kendall (1979) entwickelten Methode, handelt es sich um ein teilstandardisiertes Interview, welches sich an einem Leitfaden orientiert. Ausschlaggebend hierfür ist, dass das qualitative Interview eine konsequente Erhebung der Perspektiven, Auffassungen und Einstellungen der Teilnehmer ermöglicht (vgl. Offenloch & Madukanya, 2007: p.12). Diese besondere Form des Interviews spricht den Befragten laut Witzel die Rolle des „Experten ihrer Orientierungen und Handlungen" (2000: p.5) zu. Dennoch hat der Forscher die Möglichkeit seinen Erkenntnisgewinn neben dem bloßen Zuhören durch Nachfragen zu optimieren. (vgl. Witzel, 2000: p.6)

Die Interviews hatten eine Länge von 35 bis 50 Minuten und wurden aufgrund der verschiedenen Aufenthaltsländer der Interviewpartner telefonisch durchgeführt. Dabei wurden die Interviews zweifach aufgezeichnet, um einem eventuellen Verlust durch technische Störungen vorzubeugen.

Leitfadengestützte Interviews sind im Kontext dieses Forschungsvorhabens sinnvoll, da den subjektiven Erfahrungen der Befragten auf eine offene Art und Weise Raum zum Ausdruck gegeben werden sollte (vgl. Helfferich, 2011: p.179). Außerdem erlaubt die Problemzentrierung der Interviews die Orientierung an den im Voraus festgelegten Fragestellungen. Auf diese Weise konnten die Interviews explizit auf die Forschungsfrage ausgerichtet werden. (vgl. Witzel, 2000: p.2f.)

Generell ist bei Telefoninterviews zu beachten, dass die Möglichkeit des Interviewenden einzuschätzen, inwiefern der Interviewpartner die Fragen richtig verstanden hat, begrenzt ist. Für das vorliegende Forschungsvorhaben wurden die Interviews außerdem in englischer Sprache geführt, welche sowohl für die Interviewende als auch für einige der Interviewteilnehmer nicht die Muttersprache ist. Zum Teil wurden die Interviews per Videoanruf geführt, wodurch nonverbale Kommunikation, wie Gestik und Mimik, als visuelle Hilfen zur Verfügung standen. Aufgrund der variierenden Internetqualität der Aufenthaltsländer der Interviewten war dies jedoch nicht immer möglich. In diesen Fällen war es von besonderer Bedeutung, bereits im Einstieg in das Interview eine vertrauensvolle Situation zu schaffen und die Bereitschaft zur Teilnahme zu stärken (vgl. Schnell et al., 2005: p.368ff.).

Zu den Stärken eines telefonischen Interviews zählt, dass es dem Interviewten ein gewisses Maß an Anonymität durch die räumliche Distanz gibt. Vor allem bei sehr persönlichen Themen kann so ein offenes Antwortverhalten gefördert werden. Außerdem ist diese Methode, auf das konkrete Forschungsvorhaben bezogen, die einzige Möglichkeit mit Betroffenen aus verschiedenen Ländern zu sprechen, ohne einen hohen Ressourcenaufwand zu verursachen. (vgl. Schulz & Ruddat, 2012: p.12)

Leitfaden. Der Leitfaden für die Interviews wurde anhand der SPSS-Methode erstellt (vgl. Helfferich, 2011: p.182f.). Dabei dienten die gewonnenen Erkenntnisse der theoretischen Vorannahmen, also die Funktionen von Arbeit nach Marie Jahoda sowie die erläuterten Motivationstheorien, als Basis für die Bausteine des Leitfadens. Es wird dadurch eine sinnvolle Strukturierung und Verknüpfung der Theorien und der Forschungsergebnisse im Rahmen der Diskussion erwartet. Im Fokus liegt schlussendlich die Beantwortung der Kernfragen:

1. Was motiviert Menschen als digitale Nomaden zu arbeiten?
2. Welche Rolle spielt Arbeit im Leben von digitalen Nomaden?

Demzufolge gliedert sich der entwickelte Leitfaden in acht Bausteine wie in Tabelle 1 dargestellt (ausführlicher Leitfaden s. Anhang 1):

1. Introduction	• Introduction to the subject • Rules of the interview • Short introduction of the interviewer and interviewee
2. Motivation	• Why did you want to become a digital nomad? • What was the turning point? • How has your motivation to live the life of a digital nomad changed over the last years/ months?
3. Time Structure	• What does a typical work day look like for you? • Do you have any daily rituals? • How do you adapt yourself to a new work environment?
4. Social Contacts	• What does your social life look like? • Do you travel alone or with others? • How is the support of family and friends for what you do?
5. Collectivity	• What does networking mean to you? • Do you work in a team? • Do you share goals with other people?
6. Status & Social Identity	• How does your work define you? • To what extent do you identify with your job? • How important is making money to you?
7. Activity	• Do you ever get bored from your work? If, yes how do you deal with that? • Has there been a time where you lacked energy or motivation to do work? • Have you ever been unemployed or unoccupied? How did that make you feel?
8. Sum up	• Would you like to add anything that we have not talked about yet? • In your opinion, what are the main realisations of this interview? • How do you feel at the end of this interview?

Tabelle 1: Bausteine des Interviewleitfadens (in Originalsprache)

Es wurde bei der Entwicklung des Leitfadens darauf wertgelegt, ein hohes Maß an Offenheit zu ermöglichen, einem natürlichen Argumentationsfluss zu folgen und die inhaltliche Komplexität für einen Zeitraum von ca. 45 Minuten zu konzipieren (vgl. Helfferich 2011: p.180). Der Leitfaden ist außerdem lediglich als Orientierung einzuordnen, denn es wird nicht wie bei einem Fragebogen unbedingt jede Frage beantwortet. Ziel des Leitfadens ist es, eine Vergleichbarkeit der Interviews durch das Setzen von gleichen Themenschwerpunkten zu erreichen (vgl. Witzel, 2000: p.4). Des Weiteren wird durch den Leitfaden der theoretische Hintergrund aufgegriffen und dadurch eine Theoriegeleitetheit des Forschungsvorhabens erreicht (vgl. Witzel, 1996: p.57).

Transkriptionsregeln. Als Datenbasis der Auswertung sollen die Transkripte der Interviews dienen. Dafür soll im Folgenden die Vorgehensweise der Transkription nachvollzogen werden, denn „was wie (in welcher grob- oder feingranulierten Form) mit welcher Qualität und Menge von Symbolen verschriftlicht wird, ist eine Funktion der wissenschaftlichen Fragestellung" (Dittmar, 2004: p.51). Die Transkription wurde mithilfe des Programms „otranscribe" (otranscribe.com) und in Form der literarischen Umschrift durchgeführt (vgl. Dittmar, 2004: p.60). Umgangssprachliche Formulierungen und Dialekte, sowie die Verwendung von anderssprachigen Begriffen werden dabei in ihrer ursprünglichen Form, ohne orthographische oder grammatikalische Korrektur, dokumentiert. Nicht dokumentiert werden z.B. non-verbale Kommunikation oder prosodische Parameter, wie der Grad der Lautstärke oder des Sprechtempos (vgl. Dittmar, 2004: p.86ff.), denn auch Witzel bemerkt in seinen Erläuterungen zur Auswertung problemzentrierter Interviews, dass ein „umfangreicher linguistischer und paralinguistischer Zeichenkatalog unnötig" (Witzel, 1996: p.56) sei.

4.3 Ablauf der Erhebungsphase

Auswahlkriterien der Untersuchungsgruppe. Die definierte Zielgruppe beinhaltet alle Personen, die sich selbst als digitale Nomaden identifizieren, unabhängig von ihrer Herkunft, ihres Geschlechts, ihrem Alter, dem aktuellen Aufenthaltsort, ihrem Beruf oder der Dauer ihres Status als digitaler Nomade. Für die Teilnahme an den Interviews ist lediglich die Fähigkeit fließend Englisch oder Deutsch zu sprechen und eine funktionierende Telefon- bzw. Internetverbindung Voraussetzung.

Kontakt und Einwilligung. Für die Kontaktaufnahme mit den weltweit verstreuten digitalen Nomaden und somit potentiellen Interviewpartnern, trat die Autorin der geschlossenen Facebook-Gruppe „Digital Nomads Around the World" bei. Die Gruppe hatte zu dem Zeitpunkt der Kontaktaufnahme 37.939 Mitglieder (Stand: 12.04.2017), was sie zum zahlenmäßig größten Online-Forum für digitale Nomaden macht.

Um die freiwilligen Interviewpartner zu finden, wurde in dieser Facebook-Gruppe folgender Aufruf veröffentlicht:

> INTERVIEW PARTNERS WANTED FOR RESEARCH!
>
> Hi everyone,
>
> I'm looking for digital nomads that would be willing to participate in qualitative interviews for my master's thesis (studying business psychology at Uni Bremen/ Uni Melbourne) about the motivation to live as a digital nomad and the role of work in your life. Anyone is welcome to participate as long as you have travelled while working for a while in the past or present.
>
> The interview will be max. 45min long and recorded via Skype/ WhatsApp/ Hangouts etc., whatever you prefer. I'm based in Melbourne, Australia at the moment so if anyone happens to be here, it would be great to meet up and do it in person as well.
>
> The interview itself will be transcribed and anonymized for the thesis, but I'd be happy to offer you the transcript or record of your own interview to use for a blog, podcast etc. in exchange!
>
> Please comment or send me a pm if you are interested to participate or if you have any questions. Thank you and looking forward to hear from you!

Auf diesen Post meldeten sich sieben Personen in den Kommentaren und drei weitere per Nachricht als Interessenten für ein Interview (s. Anhang 2).

Die genaue Terminabstimmung wurde daraufhin ausschließlich per Facebook-Chat vereinbart, wobei insbesondere auf die unterschiedlichen Zeitzonen der Interviewteilnehmer Rücksicht genommen werden musste. Die Einwilligungserklärungen wurden ebenfalls hierüber ausgetauscht. Nach der Abstimmung von Terminen ergab sich schlussendlich eine Anzahl von sechs Interviews.

Telefoninterviews. Alle sechs Interviews wurden per Internettelefonie über Skype oder Facebook durchgeführt und sowohl mit dem Handy als auch dem Programm Quick Time Player aufgezeichnet. Die Qualität der Internetverbindung erwies sich hierbei als entscheidend, da Störungen zur verminderten Qualität des Verständnisses und somit auch der Transkription und Auswertung führen. Teilweise wurden die Interviews per Videotelefonie geführt, wobei das Bild jedoch nicht aufgezeichnet oder in der Auswertung berücksichtigt wurde.

4.4 Auswertungsmethode

Auswertungsmethode. Aufgrund der qualitativen Erhebungsmethode und der Art der Forschungsfragen ist ebenfalls eine qualitative Auswertungsmethode erforderlich. Hierfür wurde aus der Vielzahl qualitativer Auswertungsmethoden auf Basis der Erhebungsmethode und des Forschungsinteresses, die Auswertungsmethode der problemzentrierten Interviews nach Witzel gewählt (vgl. Witzel, 1995: p.49). Jedoch wurde die Methode dem Forschungsgegenstand angepasst und ist so nur an die von Witzel formulierten Schritte angelehnt (vgl. Witzel, 1995: p.72). Im Folgenden werden die drei von Witzel beschriebenen Auswertungsschritte, welche sich in die Fallanalyse, die Falldarstellung und den systematisch kontrastierenden Fallvergleich (vgl. Witzel, 1995: p.58ff.) gliedern, erläutert.

Die Fallanalyse rekonstruiert das Interview und beinhaltet eine Vorinterpretation. Entlang des Transkripts werden zunächst in einem deskriptiven Schritt Stichwörter mit Bezug zum Leitfaden markiert und als Themen gekennzeichnet (vgl. Witzel, 1995: p.59). Durch das analytische Vergeben von „In-vivo-Codes" (Witzel, 1995: p.60), der Zuordnung von alltagsnahen Begriffen zu Interviewpassagen, werden thematische Auffälligkeiten gekennzeichnet.

Für die einzelnen Falldarstellungen werden die soziodemographischen Merkmale der Interviewten und Kernaussagen jedes Interviews zusammengefasst. So wird sich ein Überblick verschafft und der Einstieg in den späteren Fallvergleich erleichtert. (vgl. Witzel, 1995: p.60) Hierbei stehen nach Witzel insbesondere die Themen mit Fokus auf den Forschungsfragen im Vordergrund: „Jedes „zentrale Thema" wird vom Auswerter zu einer prägnanten Aussage verdichtet und verbindet Originaltextstellen, Paraphrasierungen und analytische Aussagen." (1995: p.65) Das von Witzel beschriebene Dossier, welches einen „kurzen Kommentar des Auswerters über die Beschaffenheit des vorliegenden

Interviewmaterials sowie über die Besonderheiten des Falls und interpretative Unsicherheiten" (Witzel, 1995: p.64) vorsieht, wird in der Falldarstellung nicht aufgegriffen, sondern fließt in die spätere Methoden- und Rollenreflexion in Kapitel 7 ein.

Die Auswertung wird durch den systematisch kontrastierenden Fallvergleich abgeschlossen. In diesem Schritt erfolgt die Herausarbeitung fallübergreifender Themen, Querverbindungen und interessanter Problempunkte (vgl. Witzel, 1995: p.68) innerhalb der am Leitfaden entwickelten Kernkategorien. Diese Kernkategorien dienen als Basis für die Bildung von Handlungs- oder Deutungsmustern (vgl. Witzel, 1995: p.69). Um Unterschiede und Gemeinsamkeiten zu verdeutlichen, wird hierbei das Prinzip der maximalen und minimalen Kontrastierung angewandt (vgl. Witzel, 1995: p.68). Der nächste Schritt der Typisierung, ist aufgrund der geringen Fallzahl (vgl. Witzel, 2000: p.7) nur eingeschränkt möglich (vgl. Witzel, 1995: p.71). Trotzdem können im Rahmen der Methode erkennbare Muster für die Motivation der digitalen Nomaden und die Rolle von Arbeit in ihrem Leben aufgezeigt werden, sodass der Erkenntnisgewinn durch diese Einschränkung nicht gemindert ist.

5 Empirie und Forschungsergebnisse

Die Auswertung der problemzentrierten Leitfadeninterviews folgt, wie in Kapitel 4.3. erläutert, nach der von Witzel vorgegebenen Struktur. Mit dem Ziel einer ausführlichen Ergebnisdarstellung, werden die Interviews zunächst in kurzen Falldarstellungen einzeln behandelt und dann im folgenden Schritt im systematischen Fallvergleich anhand der Themenschwerpunkte hinsichtlich Gemeinsamkeiten und Unterschieden analysiert. Im Anschluss erfolgt die Erarbeitung bestimmter Typen und Muster auf Basis des Fallvergleiches, um ideal- und stereotypische Raster zu erkennen. (vgl. Witzel, 1995: p. 58ff.)

5.1 Falldarstellungen

Zunächst werden nachfolgend die sechs Interviews in einzelnen Falldarstellungen präsentiert. Die Ausarbeitung orientiert sich an einer einheitlichen Struktur in Anlehnung an Witzel (vgl. Witzel, 1995: p.60). Die Falldarstellung beginnt mit den soziodemographischen Daten der Interviewten und umreißt dann kurz den Werdegang, die aktuelle Tätigkeit und Zukunftspläne der digitalen Nomaden. Um Wiederholungen in den anschließenden Fallvergleichen zu vermeiden, sind die Falldarstellungen knapp gehalten.

Interview 1. Die interviewte Person ist männlich, 27 Jahre alt und kommt ursprünglich aus Fairfield im Bundesstaat Iowa in den Vereinigten Staaten von Amerika. Zum Zeitpunkt des Interviews befindet er sich seit einem Monat in Medellín, Kolumbien, zuvor ist er einen Monat lang durch andere Teile Kolumbiens gereist. Er betreut seit zweieinhalb Jahren als Senior System Analyst das Software System für vorklinische Laborversuche bei einem Fortune 500 Pharmaunternehmen mit Sitz in San Diego, Kalifornien. Er hat zwei Jahre lang versucht, seinen Arbeitgeber davon zu überzeugen ortsunabhängig im Rahmen des einjährigen Programms „Remote Year" zu arbeiten, aber hat es aufgrund von plötzlichen Management- und Strukturveränderungen im Unternehmen nicht geschafft. Als ihm ein neuer Job in der Organisation angeboten wurde, lehnte er diesen ab und reiste, ohne um Erlaubnis zu fragen nach Kolumbien, um von dort die restliche Zeit bis zum Ende des Arbeitsverhältnisses zu arbeiten und zu beweisen, dass es möglich ist. Er arbeitet parallel daran, sich zum Thema visuelle Merkstrategien in Bezug auf Lernen selbstständig zu machen.

Interview 2. Der zweite interviewte digitale Nomade ist männlich, 29 Jahre alt, kommt aus Minneapolis im Bundesstaat Minnesota in den Vereinigten Staaten von Amerika und hat vietnamesische Wurzeln. Er befindet sich während des Interviews in Saigon, Vietnam. Er ist seit neun Monaten digitaler Nomade und war vor Vietnam auch in Japan und Südkorea, um dort zu reisen und zu arbeiten. Er arbeitet seit annähernd zwei Jahren als Projektmanager in einer kleinen Firma mit unter zehn Mitarbeitern und Sitz in Minneapolis, die sich auf eine Nische im Bereich Webdesign und digitales Marketing spezialisiert hat. Die Firma hat Kunden in den ganzen USA, welche u.a. von ihm betreut werden, weshalb er sich an die Arbeitszeiten in den amerikanischen Zeitzonen anpassen muss. Um digitaler Nomade zu werden, hat er seinem Arbeitgeber vorgeschlagen, in diesem Modell zu arbeiten und gleichzeitig angekündigt, ansonsten zu kündigen, da er es auf jeden Fall machen wollte. Parallel zu seinem Job nimmt der Interviewte an einem Onlinekurs zum Thema Front-End Developing auf der Plattform Udacity teil, um sich Programmierkenntnisse anzueignen und so langfristig Chancen aufzubauen, um als Softwareentwickler zu arbeiten.

Interview 3. Das dritte Interview wurde mit einer 32-jährigen Kanadierin aus Ontario geführt. Zum Zeitpunkt des Interviews befindet sie sich in Kuala Lumpur, Malaysia. Als sie früher im Bereich Reisevertrieb in Vancouver, Kanada arbeitete, wurde der Standort geschlossen und sie stand vor der Wahl, für die Firma entweder von zuhause zu arbeiten oder sich einen neuen Job zu suchen. Sie entschied sich stattdessen, als Englischlehrerin zu arbeiten und zog dafür für drei Jahre nach Taiwan. Um als digitaler Nomade standortunabhängig reisen zu können, arbeitet sie nun als Online-Lehrerin für eine Firma mit Sitz in Beijing, China, welche Englischunterricht für Kinder im Alter von sechs bis zwölf in China anbietet. Die Firma kümmert sich darum, Schüler zu finden und um die gesamte Administration. Zum aktuellen Zeitpunkt hat die Befragte keine Pläne sich beruflich zu verändern oder sich selbstständig zu machen.

Interview 4. Die Interviewte ist 26 Jahre alt und kommt aus der Kleinstadt Biarritz im Südwesten Frankreichs. Sie befindet sich während des Interviews in Paris für einen Zwischenstopp auf dem Weg nach Hause, nach einem längeren Aufenthalt in Chile. Nachdem sie ihr Studium in internationalem Marketing abgeschlossen und ein Praktikum im Bereich Web-Marketing gemacht hatte, begann sie als Freelancerin zu arbeiten, da es schwer war, einen Job in Frankreich während der Wirtschaftskrise zu finden. In ihrem Fachbereich SEO hilft sie Kunden bei Google-Suchen an erster Stelle zu stehen, ohne dafür bezahlte

Anzeigen zu schalten. Während ihrer Zeit als Freelancerin reiste sie durch die Welt und auch jetzt als Arbeitnehmerin eines ihrer damaligen Kunden verreist sie immer wieder, allerdings mit vorheriger Genehmigung ihres Arbeitgebers und wiederkehrenden Aufenthalten im Büro in Biarritz. Sie möchte sich in Zukunft weiterentwickeln und andere Inhalte im Bereich Web kennenlernen, hat aber noch keine konkreten Pläne.

Interview 5. Das fünfte Interview wurde mit einer 29 Jahre alten gebürtigen US-Amerikanerin aus Kailua-Kona, Hawaii geführt. Zum Zeitpunkt des Interviews befindet sie sich auf der Insel Útila in Honduras. Sie ist seit vier Jahren digitale Nomadin und arbeitet selbstständig als Web-Entwicklerin, baut Webseiten und macht digitales Marketing. Zuvor arbeitete sie für eine Firma, die für Kunden hochpreisige Webseiten erstellt. Sie realisierte, dass sie nur einen kleinen Prozentsatz der Einnahmen abbekam und beschloss stattdessen selbstständig für diese Kunden zu arbeiten. Da die Nachfrage sehr hoch ist, hat sie keine Probleme genug Arbeit zu finden. Sie möchte diese Arbeit in der Zukunft weiterführen, geht aber davon aus, dass sie sich in 15 bis 20 Jahren eine neue Beschäftigung suchen muss, da sie glaubt, dass ihre Industrie dann nicht mehr existieren wird.

Interview 6. Die sechste Interviewte ist 33 Jahre alt und kommt ursprünglich aus Seattle im Bundesstaat Washington in den Vereinigten Staaten von Amerika. Sie lebt derzeit in Amsterdam in den Niederlanden und arbeitet als Psychologin. Nach ihrem Bachelor in Psychologie in Seattle, zog sie für ein „gap year" nach Madrid in Spanien, um dort als Englischlehrerin zu arbeiten. Da sie in dieser Zeit einen spanischen Partner hatte, blieb sie dort und schloss in Madrid ihren Master und vor kurzem auch ihren Doktor in Psychologie ab. Während ihrer Zeit in Spanien spezialisierte sie sich auf die Therapie von Expatriats und führte schon viele Sitzungen online durch, da einige Klienten im Ausland waren. Als sie für ein Forschungspraktikum nach Amsterdam ging und ihr Partner gleichzeitig dort einen Job angeboten bekam, zog sie in die Niederlande und entwickelte sich so zur digitalen Nomadin. Sie betreut ihre Klienten fortan nur noch online und hat so die Möglichkeit, auch ihre Familie zuhause zu besuchen oder ihren Partner auf seinen vielen Dienstreisen zu begleiten. Derzeit hat sie keine Pläne sich beruflich zu verändern.

5.2 Fallvergleich

An die Kurzdarstellung der einzelnen Interviews anschließend sollen diese nun in Beziehung zueinander gesetzt und verglichen werden. Im Rahmen dieses systematischen und kontrastierenden Fallvergleichs sollen fallübergreifende Themen zu den unterschiedlichen Forschungsschwerpunkten identifiziert und diskutiert werden. Aus Gründen der Übersichtlichkeit und inhaltlichen Relevanz, werden die Einzelfälle im Kontext der Kategorien des Leitfadens verglichen, welche auf den von Jahoda formulierten Funktionen der Arbeit (vgl. Jahoda, 1983: p.99f.) und den Motivationstheorien basieren. Es ergeben sich somit insgesamt sechs Themenschwerpunkte: [1] Motivation, [2] Tagesstrukturierung, [3] Soziale Kontakte, [4] Kollektive Zusammenarbeit, [5] Identitätsfindung & Status und [6] Aktivierung.

Motivation. Der Themenschwerpunkt Motivation bezieht sich vor allem auf die Fragestellung, was Menschen motiviert, als digitale Nomaden zu arbeiten. Dazu wurde zunächst nach dem Ursprung der Idee, digitaler Nomade zu werden, gefragt. Die Frage nach dem „Warum" teilt die Interviewten zunächst in zwei Gruppen: Diejenigen, die bewusst entschieden haben digitale Nomaden zu werden und jene, die sich unbeabsichtigt eines Tages als digitale Nomaden wiedergefunden oder aus der Notwendigkeit heraus diesen Lebensstil gewählt haben. Ersteren fällt es scheinbar leichter, Gründe zu nennen, weshalb sie sich für ein Leben als digitale Nomaden entschieden haben. Freiheit in jeder Hinsicht, insbesondere Entscheidungsfreiheit ist ein wichtiges Motiv für Interviewpartner 1: „I want the freedom to be able to do whatever I want, whenever I want". Er spricht außerdem von einem Hass auf Büros und seine Schilderungen über den gescheiterten, monatelangen Kampf, ortsunabhängig in seiner bisherigen Anstellung zu arbeiten, offenbaren seinen Frust, von den Entscheidungen anderer abhängig zu sein. Bewusst geplant, jedoch deutlich erfolgreicher in der Umsetzung, gelang es Interviewpartner 2 seinen Arbeitgeber davon zu überzeugen, ihn reisen zu lassen und mit ihm in einem Experiment zu testen, wie gut es funktioniert, ein ortsunabhängiges Teammitglied zu haben. Sein größter Antrieb ist es zum ersten Mal in seinem Leben international zu verreisen und Zeit mit Familienmitgliedern in Vietnam zu verbringen. Auch Interviewpartnerin 4 hat sich bewusst dazu entschieden, ihre Heimat Frankreich immer wieder für lange Reisen zu verlassen und dabei in Kauf zu nehmen, dass ihr aktueller Job wenig Geld einbringt und sie ihren Arbeitgeber jedes Mal um Erlaubnis fragen muss. Sie ist nicht vollends glücklich mit der derzeitigen

Jobsituation, aber ihre Priorität liegt beim Reisen: „I love to travel, it brings me a lot of, I don't know like, I feel rich, [...] it fulfills my life, [...], I love it". Sie hat erkannt, dass sie glücklicher ist, wenn sie im Ausland arbeitet und sie liebt es, neue Leute, Kulturen und Sprachen zu lernen. Das ist für sie Motivation genug, diesen Lebensstil fortzuführen.

Interviewpartnerin 3 war ursprünglich nur auf der Suche nach einem Zusatzverdienst, der ihr einen Aufenthalt in Südamerika, wo die Gehälter sehr niedrig sind (im Vergleich zu ihrem Heimatland, den USA) ermöglichte. Sie begann online Englisch zu unterrichten und realisierte, dass sie dies von überall aus machen könnte: „I just decided, you know what, I'm still young, I should travel, I should see things, so at the time I thought teaching English is the best way to travel and not be taking jobs from the local people.". Auch für Interviewpartnerin 5 war es eine natürliche Entwicklung, digitale Nomadin zu werden, weil sie so gerne reist: „The only reason I started coming back to places was to make more money. It made more sense for me to just have a job that I could take with me.". Sie realisiert außerdem, dass die Kunden ihres Arbeitgebers viel Geld für ihre Dienstleistung zahlten und sie nur einen kleinen Teil davon abbekam. Mit bereits bekannten Kunden machte sie sich so selbstständig und konnte nahtlos in ein Leben als digitale Nomadin starten. Für Interviewpartnerin 6 war ein Umzug in ein neues Land Anstoß dafür, ihre selbstständige Arbeit als Psychologin zu digitalisieren und so ihre bestehenden Klienten weiterhin zu betreuen. Für sie hat dieser Schritt mehr Lebensqualität gebracht, sie genießt es zu reisen und neben der Arbeit Zeit mit Freunden und Familie verbringen zu können. Allerdings sieht sie Amsterdam als ihre „home base" zu der sie immer wieder zurückkehrt, um nicht ihre Motivation zu verlieren und ihre Energiespeicher wieder aufzuladen.

Zusammenfassend sind für alle Interviewten Themen wie Freiheit, Unabhängigkeit und Lebensqualität in unterschiedlich starker Ausprägung Motivationsfaktoren ein Leben als digitale Nomaden zu führen. Die ursprünglichen Beweggründe und Wege zu diesem Lebensstil sind jedoch sehr individuell. Vereint werden alle wiederum durch das gemeinsame Interesse und Verlangen zu reisen und die Welt zu erkunden. Sie alle haben es sich zur Priorität gemacht, ortsunabhängig zu sein. Reisen zu können motiviert und erfüllt sie so stark, dass sie danach ihr Leben ausrichten.

Tagesstrukturierung. Einen Einblick in das alltägliche Leben der Interviewten ermöglicht die Frage nach ihrem typischen Tagesablauf. Dabei spielen nicht nur der zeitliche Ablauf, sondern auch die Arbeitsumgebung, Rituale und Gewohnheiten eine Rolle. Tatsache ist, dass bei keinem Gesprächspartner jeder Tag gleich ist, dennoch gibt es bei den Befragten eine Idealvorstellung ihrer Tagesstrukturierung oder wiederkehrende Elemente.

Bei den Interviewpartnern 2 und 4 wird der Tag klar durch die vorgegebenen Kernarbeitszeiten ihrer jeweiligen Arbeitgeber geprägt. Da Interviewpartner 2 für sein Team zu U.S.-Arbeitszeiten erreichbar sein muss, beginnt sein Tag in Vietnam erst spät und eher entspannt. Bis 15 Uhr hat er Zeit zu entspannen, z.B. Musik zu hören, ein Buch zu lesen oder mit Freunden einen Kaffee zu trinken. Ab 15 oder 16 Uhr startet er mit der Arbeit, die keine Kunden involviert, koordiniert sich mit dem ausgelagerten Team in Indien und ist für sein amerikanisches Team erreichbar. Dann legt er eine Pause ein, schläft eventuell kurz und hat dann ab 21 Uhr Telefonkonferenzen und Termine. Abends ausgehen kann er nur, wenn keine Termine anstehen und auch dann kann es vorkommen, dass er schnell zurück in die Unterkunft muss, falls sein Vorgesetzter anruft. Auch Interviewpartnerin 4 arbeitet mit einem Team in Frankreich, weshalb sie bei ihrem letzten Aufenthalt in Chile den Morgen zunächst mit einer Stunde für Frühstück und dem Lesen von Nachrichten verbrachte. Gegen 8 Uhr arbeitet sie dann für etwa fünf Stunden, am liebsten direkt vom Bett aus im Schlafanzug, aber nur wenn sie in einem Apartment wohnt. Nach einer Mittagspause, in der sie meistens rausgeht, arbeitet sie wieder ab 15 Uhr, aber weniger fokussiert. Sie ist dann während der französischen Kernarbeitszeit für ihr Team erreichbar.

Im Gegensatz dazu haben die anderen Interviewpartner eher unstrukturierte oder häufig wechselnde Tagesabläufe. Interviewpartnerin 6 richtet sich nach den Zeitzonen ihrer Klienten, sodass ihre Termine mal eher morgens und manchmal vermehrt abends stattfinden. Dazwischen hat sie Zeit für Freizeitaktivitäten, wie laufen oder Yoga. Es gibt Wochen, in denen sie mit wenigen Klienten spricht, in anderen häufen sich die Termine. Sie probiert täglich morgens ca. 10 Minuten „Mindfulness Meditation" zu praktizieren, um sich zu sammeln, über den Tag produktiver zu sein und sich konzentrieren zu können. Interviewpartnerin 3 ist die einzige andere Person, die angibt eine Routine zu haben und Rituale zu pflegen. Für sie ist der Kaffee am Morgen eine Konstante und sie liest jeden Tag ihr Horoskop. Ihre Tagesgestaltung ist sehr abwechslungsreich, tagsüber hat sie Zeit für Besichtigungstouren und gegen Abend von ca. 17-21 Uhr unterrichtet sie. Außerdem arbeitet sie manchmal nur zwei bis drei Tage am Stück und reist dann wieder.

Wie die digitalen Nomaden wohnen und die Umgebung in der sie arbeiten, unterscheidet sich nur geringfügig. Alle Interviewten wohnen entweder in einem Apartment oder einer Herberge, je nach Dauer des Aufenthalts und den Erfordernissen ihrer Arbeit. Interviewpartner 2 braucht z.B. Privatsphäre, um nachts Unterhaltungen führen zu können, Interviewpartnerin 3 braucht einen weißen Hintergrund zum Filmen und Ruhe zum Unterrichten und auch Interviewpartnerin 6 braucht einen abschließbaren Raum, um die Vertraulichkeit der Klientengespräche zu gewährleisten. Aber auch Co-Working Spaces, Cafés, Restaurants und der Strand werden als Arbeitsorte aufgezählt. Alle nennen an einem Punkt im Interview die Problematik und Wichtigkeit einer stabilen WLAN-Verbindung, da ihre Arbeit ohne Internet nicht möglich ist.

Effizienz und Fokus sind Themen die von einigen Interviewten als unproblematisch eingeordnet wurden, z.B.: „I think that I'm naturally a hyper focused person. So focus has never been something I've been challenged on. Sometimes like, I have to work on not focusing." Andere, wie u.a. Interviewpartnerin 6, sehen es als große Herausforderung, fokussiert zu bleiben, insbesondere durch den Einfluss sozialer Medien. Ihr hilft es, sich eine Checkliste mit Aufgaben, die sie an dem Tag erledigen möchte, zu machen. Außerdem achtet sie auf Pausen und versucht durch positive Selbstgespräche zu merken, wenn man sich selbst runtermacht.

Obwohl alle digitalen Nomaden zum Zeitpunkt der Interviews weniger arbeiten als sie es in ihrem vorherigen stationären Job getan haben, unterscheidet sich die durchschnittliche Wochenstundenzahl von Person zu Person sehr stark. Die Spanne reicht von 10-15 Stunden Arbeit pro Woche bis 25-35 Stunden, bzw. 30-35 Stunden pro Woche. Für Interviewpartnerin 6 ist es eine bewusste Entscheidung, weniger zu arbeiten und für Interviewpartner 2 entfällt vor allem die Zeit für das Pendeln und das tatenlose Rumsitzen im Büro.

Soziale Kontakte. Digitale Nomaden verlassen mit der Abreise aus ihrer Heimat nicht nur ihre alte Arbeitsumgebung, sondern auch ihr soziales Umfeld, Freunde und Familie. Alle interviewten digitalen Nomaden geben an, alleine zu reisen, außer einer, die ab und zu mit ihrem Partner reist. Bei der Frage „What does your social life look like?" kommen sehr unterschiedliche

Ausprägungen des sozialen Kontakts zutage. Interviewpartner 1 reist von Unterkunft zu Unterkunft und stellt fest: „You're never alone". Obwohl er ständig von neuen Leuten umgeben ist, fällt es ihm schwer, als digitaler Nomade Anschluss zu finden, da er tagsüber arbeiten muss und bei vielen Aktivitäten nicht dabei sein kann. „A lot of people say digital nomad life is really, really lonely which is another reason why people are looking at programs like „remote year", which is why co-working spaces exist, so people can have a structure and you meet other digital nomads". Auch Interviewpartnerin 3 erzählt, dass es manchmal etwas einsam ist, wenn man an einen neuen Ort kommt und niemanden kennt. Sie hat aber trotzdem gute Freunde auf Reisen gefunden, da sie aktiv nach Leuten sucht: „There is no one calling to make plans, you have to go out and look for people".

Im Gegensatz dazu haben die Interviewten 2 und 6 eher weniger Zeit, um mit Freunden etwas zu unternehmen, da sie auch abends arbeiten und sich an Zeiten halten müssen. Bei beiden sind lediglich die Wochenenden wirklich frei und flexibel. Interviewte 6 sieht aber auch da ein Risiko: „When you're your own boss, you could always do work, like whenever you want to".

Für Interviewpartnerin 5 sind soziale Kontakte das, was ihr Leben ausmacht: „I'm driven by communicating, I really like learning about where people come from and what they like to do and what goes on in their minds.". Für sie ist es das Schwerste, sich ständig von den Leuten wieder zu verabschieden, die sie kennengelernt hat.

Ob neu entstandene Freundschaften nachhaltig funktionieren, hängt nach Meinung von Interviewpartnerin 6 davon ab, wie stark beide Seiten bereit sind die Freundschaft aufrecht zu erhalten. Sie findet es hilfreich, wenn beide Seiten reisen und einen ähnlichen Lebensstil führen, da dann auch die Chancen höher sind, sich wiederzusehen. Interviewte 5 stimmt dem zu: „I think that traveling and people who enjoy traveling, there is something about it, a spirit, that creates a very stable bond."

Die Häufigkeit des Kontaktes zu Familie und Freunden variiert von täglich, über jeden zweiten Tag bis hin zu wöchentlich oder zweiwöchentlich. Dabei wird der Kontakt nach Hause teilweise als Belastung empfunden. Die Familie von Interviewpartnerin 4 will jeden Tag einen Bericht, was für sie schwierig ist und ihr das Gefühl gibt immer noch zuhause zu sein. Da ihre Mutter aber sehr viel Angst um sie hat, muss sie weitermachen. Auch Interviewpartner 2 ist der

Kontakt manchmal zu viel, aber „their support is good, they just want me to come home, because they miss me I guess. And I miss them, but I don't miss America that much." Für die Familie von Interviewpartnerin 6 ist es ebenfalls eine schwere Zeit, da die Interviewte die einzige in der Familie ist, die soweit weg ist. Sie glaubt zwar, dass sie sich für sie freuen, weil sie sie besucht und gesehen haben wie sie lebt, aber es ist für beide Seiten nicht einfach. Die Interviewten 1, 3 und 5 erzählen von Bekannten, die neidisch sind. Sie als digitale Nomaden bekommen viele Fragen zu ihrem Lebensstil gestellt und viele realisieren dabei die negativen Seiten nicht. Interviewpartner 1 merkt dazu an: „You know, I wanted to travel, so what did I do? I got a job that allowed travel, you know, I created that in my life." Er ist traurig, dass viele Leute ihre Wünsche nicht in die Tat umsetzen.

Kollektive Zusammenarbeit. Einige digitale Nomaden sind zwar alleine unterwegs, aber arbeiten sie auch nur alleine? In diesem Themenbereich der Interviews ging es um Networking, Teamarbeit und Gruppenzugehörigkeit.

Networking bedeutet für jeden der Interviewten etwas anderes. Für eine Person geht es darum, sich in Online-Gruppen auszutauschen und bei Problemen eine Anlaufstelle zu haben, für eine andere äußert es sich durch Kollaborationen in Bezug auf Marketingstrategien und für eine dritte geht es um den Aufbau sozialer Kontakte mit Leuten, die eventuell im Arbeitskontext hilfreich sein könnten. Für diejenigen, die selbstständig sind und auf Aufträge von Kunden oder Klienten angewiesen sind, ist Networking wichtiger als für diejenigen, die einen festen Arbeitgeber haben.

Die Interviewten 2 und 4, welche beide für einen Arbeitgeber arbeiten bei dem sie die einzigen sind, die ortsunabhängig arbeiten und der Rest des Teams zusammen im Büro sitzt, berichten von ähnlichen Herausforderungen. Durch die räumliche Entfernung bekommen sie die Atmosphäre und mögliche Spannungen im Büro nicht mit. Was sich vor Ort durch einen kurzen Witz wiederauflösen lässt, ist aus der Ferne nicht möglich, sodass solche Vorkommnisse auf unangenehme Weise per Telefon geklärt werden müssen. Es fehlt die Beziehung zu den Kollegen. Bei Interviewpartnerin 4 kommt hinzu, dass sie manchmal durch ihre direkte Art sehr unfreundlich bei den Kollegen ankommt. Sie fühlt sich abgekapselt und bekommt manchmal Angst, dass sie gefeuert werden könnte. Interviewte 6 ist seit kurzer Zeit in einem Team mit anderen ortsunabhängigen Psychologen, um Ideen zu diskutieren und sich bei logistischen

Fragen zu helfen. Ziel der Gruppe ist es, sich regelmäßig über Themen, die digital arbeitende Psychologen betreffen, auszutauschen.

Anderen Gruppen außerhalb der Arbeit gehören nur Interviewte 6, die in den Niederlanden zum Yoga geht und Swing tanzt, und Interviewte 5 an, die in Honduras im Rahmen von Freiwilligkeitsarbeit Strände säubert. Alle anderen sind nicht Teil von regelmäßigen Freizeitgruppen.

Identitätsfindung & Status. In diesem Themenschwerpunkt geht es um den Zusammenhang von Arbeit und Jobsicherheit mit der eigenen Identität und der Rolle in der Gesellschaft. Dabei spielt auch das Verhältnis der digitalen Nomaden zu Geld und ihrem Einkommen eine Rolle.

Inwiefern sich die Interviewten tatsächlich über ihre Arbeit definieren, hat einige der digitalen Nomaden zunächst zum Nachdenken angeregt. Interviewte 5 hat aber einen klaren Standpunkt: „I don't think it does. [...] One of the reasons that I left was, because I was frustrated that my career had to be such a big part of my life where I felt other parts of my life are so much more important to me." In den USA frage jeder, wenn er jemanden kennenlernt, was derjenige beruflich macht, aber für sie war ihr Job immer nur Mittel zum Zweck, also ein Weg Geld zu verdienen, um die Sachen machen zu können, zu denen sie Lust hat. Jetzt, wo ihre Karriere weniger Priorität in ihrem Leben hat, ist sie glücklicher. Die Idealsituation seiner Arbeit für Interviewpartner 2, stellt eine Balance zwischen einem Mehrwert für Menschen und einer intellektuellen Herausforderung dar. Aktuell empfindet er keine Leidenschaft für seine alltägliche Arbeit, ihm fehlt der Anspruch, um diesen Job langfristig machen zu wollen. Ihm ist es jedoch zusätzlich wichtig, einer sinnvollen Tätigkeit nachzugehen und das tut er, weshalb er halbwegs zufrieden ist. Alle anderen Interviewten bejahen, dass ihre Arbeit sie definiert. Dies wird vor allem damit begründet, dass sie Freude an ihrer Arbeit haben. Interviewte 6 hat ihre Karriere bewusst ausgewählt und es ist ein Job den sie wirklich liebt. Sie sagt, dass ihre Arbeit sie insofern definiert, dass ihr Befinden teilweise davon abhängt, wie gut oder schlecht es gerade bei der Arbeit läuft.

Auch digitale Nomaden müssen Geld verdienen, um ihren Lebensunterhalt zu finanzieren. Trotzdem ist ihnen unterschiedlich wichtig, wie viel sie verdienen und welche Ziele sie sich setzen. Ein wiederkehrendes Motiv ist, mit dem Verdienten den Lebensstil dauerhaft halten zu können. Dennoch ist die Sicherung des Lebensstils nicht von höchster Priorität, denn „the most important for me is to be free". Interviewter 1 steht die Gründung seines eigenen Unternehmens bevor, weshalb er eine größere Summe zur Finanzierung braucht und Geld gerade eine größere Rolle spielt. Ein spezielles Problem der digitalen Nomaden beschreibt Interviewter 2, denn er sollte seiner Meinung nach eigentlich demnächst nach einer Gehaltserhöhung fragen. Aus der Distanz ist dies aber schwer, da er nicht einfach in das Büro seines Chefs gehen und mehr Geld fordern kann. Größere Summen Geld verloren haben die Befragten nicht, außer Interviewte 5, die zugibt, ein Spielproblem zu haben, was in ihrem aktuellen Aufenthaltsland Honduras aber kein Problem darstellt.

Auf die Frage, was es für die digitalen Nomaden bedeuten würde, wenn sie ihren Job oder ihre Selbstständigkeit verlieren würden, antworten sie mit Überlegungen wie „that kind of sucks, what's the next thing?", „it would be highly inconvenient, but I'd roll with it", „I would be very upset and be emailing other companies right away", „I will have to think about it [...] , at the same time I will see like a new opportunity to discover something else", „that would be stressful [...], the first thing I would do is look for a job [locally]" und „it would be disappointing, [...] (but) I would like to think that I would be [...] positive about it and see if there is an opportunity". In ihren Aussagen wird deutlich, dass die Interviewten den Verlust ihrer Arbeitsstelle vielmehr als Chance oder Herausforderung, als einen Grund für Resignation sehen würden.

Einige der befragten digitalen Nomaden können sich vorstellen, wieder fest an einem Ort zu wohnen, andere nicht. Für Interviewten 2 ist das was er gerade tut eher ein Experiment und er möchte in Zukunft als Programmierer Erfahrung in einer Agentur sammeln, was wahrscheinlich nicht ortsunabhängig funktionieren würde. Im Interview 4 wird klar, dass nur die Liebe die Befragte umstimmen könnte, an einem Ort zu bleiben. Interviewte 6 sieht es eher als ein Spektrum, in dem sie flexibel je nach Lebensphase entscheiden will, wie viel Zeit sie an einem Ort verbringt. Sie möchte die Flexibilität nicht wieder aufgeben.

Was andere über sie selbst, ihre Arbeit und ihren Lebensstil denken, ist den Befragten nicht wirklich wichtig. Interviewte 4 hat viel über das Thema mit ihrer Familie diskutiert, aber sie wird trotzdem nicht ihre Meinung und ihren Lebensstil ändern. Interviewte 5 sagt, dass viele Leute zunächst verwirrt und überrascht sind und viele Fragen stellen, aber sie meistens positive Reaktionen bekommt. Auch Interviewte 3 weiß, dass sie etwas Gutes tut und solange sie sich selbst nicht schlecht bei dem fühlt was sie macht, ist es ihr auch egal, wenn Leute sie verurteilen.

Aktivierung. Digitale Nomaden haben, aufgrund ihrer Entfernung von Vorgesetzten und Kollegen oder ihrer Selbstständigkeit, keine direkte Kontrolle über ihre Tätigkeit. In diesem Themenschwerpunkt des Interviews geht es um den Umgang mit Langeweile und fehlender Motivation sowie die Vor- und Nachteile sein eigener Chef zu sein. Auch Erfahrungen der Arbeitslosigkeit und der Umgang damit werden angesprochen.

Langweile kommt bei einer Interviewten manchmal vor, aber zu wissen, dass der Job es ihr ermöglicht diesen Lebensstil zu führen, motiviert sie wieder. Einer Interviewten hilft es auch Musik zu hören, um nicht gelangweilt zu sein. Dennoch gaben alle Interviewten an, eine Phase ohne Energie oder Motivation für ihre Arbeit gehabt zu haben. Interviewter 2 hat einen festen Arbeitgeber und einmal eine Woche lang die Arbeit stark vernachlässigt, was darin resultierte, dass er hinterher alles aufarbeiten musste. Eine Befragte erledigte Aufgaben wiederholt nicht fristgerecht, woraufhin sich Kunden beschwerten. Zum Ausgleich arbeitete sie eine Zeit lang kostenlos für diese Kunden. Sie sagt, es sei ihr jedes Mal eine Lehre.

Als Vorteile sein eigener Chef zu sein werden genannt, dass man seinen eigenen Zeitplan erstellen kann. Im Unternehmen sei man nur ein kleiner Teil des großen Ganzen, kann aber auch immer die Schuld auf andere schieben, wenn etwas schiefläuft. Als Selbstständiger sei man zu 100% für seine Entscheidungen verantwortlich, was auch ein Nachteil sein kann. Eine Interviewte hat die Erfahrung gemacht, dass sie als Arbeitnehmerin immer hinnehmen musste, wenn Leute unfreundlich zu ihr waren. Jetzt kann sie ihre Kunden selbst selektieren und hat so sehr positive Beziehungen zu ihnen aufgebaut.

Zwei der Befragten haben in der Vergangenheit die Erfahrung gemacht, arbeitslos zu sein. Sie empfanden es beide als schwer und frustrierend und gaben an, dass es ihnen schlecht ging. Interviewte 4 erzählt, dass sie es hasste, aufzuwachen und nicht zu wissen was man machen wird, der Umgang mit dieser Situation fiel ihr schwer. Um diesem Gefühl entgegenzuwirken suchte sie sich einen Job aus einem anderen Bereich zur Überbrückung. Durch diese Frage wurde eine digitale Nomadin nochmal zum Nachdenken angeregt und stellte fest, dass Arbeit sie tatsächlich insofern definiere, dass etwas fehle, wenn sie keine habe.

5.3 Typisierung und Mustererstellung

Dem Fallvergleich anschließend folgt nach Witzel eine selektive Kodierung der in dem Fallvergleich angesprochenen übergreifenden Themenblöcke. Konkret bedeutet dies, dass auf Grundlage des Fallvergleichs bestimmte Typen und Muster erarbeitet werden, die kritisch für das im Interview aufgegriffene Thema sind. Diese Typen und Muster haben zum Ziel, ideal- und stereotypische Raster zu erkennen. Eine Datenbasis von sechs Interviews hat zwar keinen saturierten Charakter, jedoch können einzelne Typenbildungen vorgenommen werden.

Typ 1 ist selbstständig tätig, hat sein eigenes Unternehmen oder Gewerbe. Er kümmert sich selbst um das Akquirieren von Kunden, trifft eigenständige Entscheidungen und trägt die volle Verantwortung für sein Handeln. Er ist unabhängig in der Planung, wann und wie viel er arbeitet. Für ihn ist Networking sehr wichtig, um bekannter zu werden und Neukunden zu werben. Er ist flexibel in seiner Freizeit- und Reiseplanung. Geld spielt eine nicht unbedeutende Rolle, um Sicherheit zu haben und das Unternehmen finanzieren zu können.

Typ 2 hat einen Arbeitgeber, ist also ein ortsunabhängiger Arbeitnehmer, der aber nur mit Erlaubnis seines Vorgesetzten verreisen darf und dies auch nur für eine begrenzte Zeit tut oder regelmäßig an den Heimatort wieder zurückkehrt. Seine Arbeitszeit ist zu einem bestimmten Anteil durch die heimische Kernarbeitszeit vorgegeben, da er im Kontakt zu Kunden oder dem Team steht. Er arbeitet an gemeinsamen Zielen mit einem Team und steht regelmäßig in Kontakt zu diesem. Networking ist für ihn weniger relevant. Die relativ festen Arbeitszeiten beeinflussen die Flexibilität seiner Freizeit- und Reiseplanung. Geld spielt durch das geregelte Einkommen eine kleinere Rolle. Typ 2 erlebt häufiger distanzbedingte Kommunikationsschwierigkeiten mit seinem Team.

Typ 3 befindet sich im Übergang von einer Anstellung als Arbeitnehmer zur Gründung eines eigenen Unternehmens. In dieser Zwischenphase schließt er die alte Tätigkeit noch ab und fokussiert sich immer mehr auf den Aufbau der neuen Idee. Dabei spielt Networking eine große Rolle, um in der neuen Branche Fuß zu fassen und Unterstützung zu bekommen. Grundsätzlich arbeitet er aber alleine. Geld spielt für die Gründung des Unternehmens eine wichtige Rolle, ist aber sonst eher nebensächlich. Er wird in seiner Freizeit- und Reiseplanung immer flexibler.

Typ 4 arbeitet als Freelancer für ein oder mehrere Unternehmen für einzelne Projekte oder dauerhaft auf flexibler Stundenbasis. Seine Arbeitszeit ist von der Tätigkeit abhängig, sie kann vollends flexibel sein oder sich nach Kunden in bestimmten Zeitzonen richten. Networking kann je nach Auftragslage für ihn wichtig sein. Wie viel, von wo und zu welcher Vergütung gearbeitet wird, entscheidet der Typ 4 selbst.

Auf einer Datenbasis von sechs Interviews im hier dargestellten Kontext, lassen sich nach Auffassung der Autorin bestimmte ideal- oder stereotypen Muster erkennen, welche aber nicht vollständig sind und unweigerlich zu einem Informationsverlust führen. Entsprechend wird mit der oben aufgeführten Typenbildung kein Anspruch auf Vollständigkeit erhoben.

6 Diskussion

Zur Einordnung in den Gesamtkontext werden die Ergebnisse im Folgenden vor dem theoretischen Hintergrund und dem aktuellen Stand der Forschung reflektiert. Dabei soll beschrieben werden, inwieweit die Ergebnisse dieser Arbeit über die aktuelle Theorie hinausgehen und welche Forschungslücke somit geschlossen werden konnte.

6.1 Was motiviert Menschen als digitale Nomaden zu arbeiten?

Die Befragung für diese Arbeit hat ergeben, dass als digitaler Nomade zu leben und zu arbeiten, bei einigen eine bewusste Entscheidung mit überdachten Argumenten und vorhergehenden Überlegungen ist, bei anderen ein unbewusster Schritt, der sich auf natürlichem Weg ergeben hat und oftmals aus der Notwendigkeit heraus gegangen wurde. Franks nennt in ihrer Studie verschiedene Push- und Pull-Faktoren, die sie als Einfluss auf die Entscheidung, digitaler Nomade zu werden, identifizieren konnte (vgl. 2015: p.4). Dabei überschneidet sich einer der wichtigsten genannten Pull-Faktoren „Freiheit" mit den Ergebnissen der Interviews dieser Arbeit. Freiheit ist ein wiederkehrendes Thema in den geführten Interviews. In Verbindung mit Unabhängigkeit und einer besseren Lebensqualität wird sie als Hauptgrund für die Entscheidung für den Lebensstil genannt. Auch Push-Faktoren beinhalten Sicherheit und das Verlassen der Komfortzone, d.h. digitale Nomaden wollen weniger Sicherheit und haben das Bedürfnis, ihre Komfortzone zu verlassen. (vgl. Franks, 2015: p.4f.) Andere Pull-Faktoren sind Bücher, die über das Leben und die Perspektiven von digitalen Nomaden erzählen, sie gelten als Auslöser ebenso wie die Darstellung der Arbeits- und Lebensweise in den Medien. Hier ist ein starker Umwelteinfluss auf die Personen zu erkennen. In Verbindung mit Lewins Feldtheorie kann man auch Prinzipien der Gruppendynamik wiederfinden (vgl. Lück, 1996: p.122ff.). Die Feldkraft der Umwelt, also das erfolgreiche Vorleben durch andere digitale Nomaden, wirkt auf die jeweilige Person und ihr Verhalten. Die überwiegend positive und erstrebenswerte Darstellung der digitalen Nomaden und ihrem Leben in den Medien, sowie die persönlichen Berichte auf z.B. Blogs oder YouTube, lassen ein Leben als digitaler Nomade realistisch und umsetzbar erscheinen.

Allen Befragten vereint das Interesse und Verlangen zu reisen und die Welt zu erkunden. Ortsunabhängig zu sein hat für sie Priorität und reisen zu können motiviert und erfüllt sie so stark, dass sie ihr Leben danach ausrichten. Man kann also sagen, dass das Reisen generell ein wichtiges Bedürfnis der digitalen Nomaden ist, ebenso Freiheit und Unabhängigkeit. Betrachtet man Maslows Bedürfnishierarchie, stellen die Aussagen der digitalen Nomaden sein Modell auf den Kopf. Zwar gehen den soeben genannten Bedürfnissen auch bei digitalen Nomaden physiologische Bedürfnisse und sicherlich auch ein gewisser Grad an Sicherheitsbedürfnissen voraus, jedoch sind diese eher schwach ausgeprägt. Statt Sicherheit, Struktur und einem gefestigten Umfeld, wie einem festen Wohnsitz und geregelten Lebensabläufen, wünschen sie sich Abwechslung, häufige Ortswechsel, ständig neue Herausforderungen und Perspektivenwechsel sowie Abenteuer und neue Erlebnisse. Soziale Bedürfnisse werden auf der einen Seite zurückgestellt, da digitale Nomaden ihre Familie und Freunde in der Heimat zurücklassen, auf der anderen Seite lernen sie ständig neue Menschen kennen und knüpfen regelmäßig neue Kontakte. Insbesondere durch die Entwicklung von Co-Working Möglichkeiten und das Leben in z.B. Herbergen scheinen die sozialen Bedürfnisse der digitalen Nomaden gedeckt zu werden. Das Bedürfnis nach Wertschätzung ist nicht global für einen Großteil der digitalen Nomaden einzuordnen, denn sie hängt stark davon ab, ob jemand selbstständig, als Freiberufler oder als Arbeitnehmer und alleine oder im Team arbeitet. Es kann auf Basis der Befragung vermutet werden, dass je nach Ausprägung des Wertschätzungsbedürfnisses die dazu passende Arbeitsform im Spektrum des digitalen Nomadentums ausgewählt wird, jedoch kann dies nicht explizit belegt werden. Zu klären gilt außerdem, ob das Bedürfnis nach Freiheit eher als ein soziales Bedürfnis oder ein Bedürfnis nach Selbstverwirklichung anzusehen ist. Ordnet man das Reisen der Selbstverwirklichung zu, ist es naheliegend, es mit Freiheit und Unabhängigkeit als Bedürfnisse auf eine Ebene zu stellen. Dagegen spricht, dass Selbstverwirklichung bedeutet, seine eigene Persönlichkeit zu entfalten, indem man seine Fähigkeiten und Talente nutzt. Dies trifft vor allem auf die digitalen Nomaden zu, die sich mit einer eigenen Idee oder auf Basis ihrer Ausbildung und Erfahrung selbstständig gemacht haben. Viele andere arbeiten jedoch auch in einem Job, der sie nicht erfüllt, sondern einen Kompromiss darstellt. Jene Gruppe ist auch die, bei der häufiger Unzufriedenheit mit ihrer Arbeit genannt wurde. Die Arbeitszufriedenheit ist ein wichtiger Faktor auf dem Weg zur Selbstverwirklichung, da sie die generelle Einstellung und die Gefühle gegenüber der Arbeit ausdrückt. Bei den digitalen Nomaden, wo der Job nur Mittel zum Zweck des Reisens ist, kann deshalb vermutet werden, dass die Arbeit sich in der Zukunft verändern wird, um eine höhere Hierarchieebene der Motivation zu erreichen. Einige der Interviewten deuteten dies bereits an.

6.2 Welche Rolle spielt Arbeit im Leben von digitalen Nomaden und inwiefern unterscheidet sich diese Rolle im Vergleich zu anderen Arbeitsweisen?

Im Rahmen der Falldarstellungen und - analysen dieser Arbeit hat sich bereits herausgestellt, dass Arbeit von digitalen Nomaden unterschiedlich wahrgenommen wird. Ist bei einigen Befragten die Arbeit nur Mittel zum Zweck, entscheiden sich andere bewusst für eine Tätigkeit, die ihnen Spaß macht, eine intellektuelle Herausforderung bietet und potentiell einen Mehrwert für andere Menschen bietet. Damit verknüpfen lässt sich das Motiv mit der Arbeit Geld zu verdienen. Bei denjenigen, bei denen Arbeit nur dazu dient, den Lebensstil eines digitalen Nomaden dauerhaft halten zu können, spielt Geld generell eine kleinere Rolle als bei jenen, die die Selbstständigkeit anstreben oder zur Gründung eines eigenen Unternehmens Kapital benötigen.

Es ist auffällig, dass alle interviewten digitalen Nomaden ein hohes Selbstvertrauen in die eigenen Fähigkeiten und eine hohe Ambiguitätstoleranz aufweisen. Auf die Frage, wie sie mit dem plötzlichen Verlust ihrer Jobs, ihrer Aufträge oder dem Scheitern ihres Unternehmens umgehen würden, fokussieren sie sich direkt auf die Lösung des Problems und die Herangehensweise etwas Neues zu finden. Sie sehen Scheitern nicht als Bedrohung, sondern als Chance etwas Neues zu machen. Arbeitslosigkeit ist nichts, wovor diese Personen große Angst haben, auch wenn sie selbst von Phasen der Arbeitslosigkeit in der Vergangenheit erzählt haben und die Auswirkungen kennen. Ob diese selbstbewusste Einstellung ein übergreifender Charakterzug aller digitalen Nomaden ist, lässt sich auf Basis dieser Arbeit nicht beantworten. Im Angesicht der ständig wechselnden Umgebung und neuen Kontakten durch das Reisen scheint es jedoch ein wichtiger Faktor zu sein, um mit dieser Arbeitsweise dauerhaft erfolgreich zu sein. Eine mögliche Erklärung für diese Ambiguitätstoleranz ist, dass digitale Nomaden sich häufig ungewissen Situationen aussetzen, z.B. durch das Reisen und dadurch an ständig wechselnde Situationen gewöhnt sind. Jahoda führt als eine ihrer Erlebniskategorien von Arbeit auch Status und

Identität auf. Für Arbeitnehmer eines Unternehmens geht mit ihrer Tätigkeit immer ein gewisser Status einher, denn ihr Job verleiht ihnen einen Stand in der Gesellschaft. Digitale Nomaden haben jedoch nicht den Kontakt zu dieser Gesellschaft im herkömmlichen Sinne. Sie bleiben nie lange an einem Ort und in der Heimat bekommen nur wenige mit, was genau sie machen und wie erfolgreich sie dabei sind. In den Interviews hat sich gezeigt, dass es manchmal schwierig ist, für digitale Nomaden damit umzugehen, was andere über sie denken oder sagen. Es bringt sie aber nicht von dem Vorhaben ab, denn sie scheinen herausgefunden zu haben, was ihnen wichtig ist und haben gefestigte Prioritäten. Über soziale Medien kommt es eher zu Situationen in denen sie Neid erfahren, da andere Menschen ihren Lebensstil nicht verstehen. So lässt sich zwar durch das Reisen in ferne Länder ein gewisser Status erkennen, allerdings entspricht die Wahrnehmung Fremder häufig nicht der mit Bildern gezeigten Realität. Eine weitere Diskrepanz zu Jahodas Erlebniskategorien lässt sich im Thema Kollektivität wiederfinden. Digitale Nomaden arbeiten hauptsächlich alleine und manchmal als ortsunabhängiges Teammitglied. Jahoda betont die Wichtigkeit der sozialen Kontakte bei der Arbeit, um den eigenen Horizont zu erweitern. Bei digitalen Nomaden wird deutlich, dass dies ein Schwachpunkt der Arbeitsweise ist, denn es ist ein natürliches Bedürfnis des Menschen im regelmäßigen Kontakt mit anderen Menschen zu sein. Gelöst wird dieses Verlangen der Interviewten durch das Arbeiten in Co-Working Spaces, in Hostels oder geteilten Apartments. Sie haben so die Möglichkeit, sich mit anderen auszutauschen, auch wenn sie inhaltlich nicht zusammenarbeiten. Generell ist das Thema Networking für digitale Nomaden je nach Job unterschiedlich wichtig. Kontakte zu knüpfen ist vor allem für selbstständige oder Freiberufler von Bedeutung. Als ortsunabhängiger Arbeitnehmer als Teil eines Teams, das gemeinsam in einem Büro sitzt, ist es nach Analyse der Interviews offensichtlich am schwierigsten den sozialen Kontakt aufrecht zu erhalten. Es entstehen häufiger Spannungen und Missverständnisse, die aufgrund der Entfernung nicht einfach gelöst werden können. Auch Neid kann in dieser Konstellation entstehen und die Zusammenarbeit erschweren. Bei den Interviewten, die diese Problematik beschreiben, wird deutlich, dass es für sie keine ideale, dauerhafte Arbeitsweise ist und sie eher unzufrieden sind. Dies legt die Schlussfolgerung nahe, dass die genannten Erlebniskategorien Jahodas auch für digitale Nomaden relevant sind. Dennoch unterscheidet sich die Ausgestaltung und Qualität der

Kategorien von der eines Festangestellten, auf den Jahoda sich in ihrer Forschung bezog.

6.3 Welche Herausforderungen erleben digitale Nomaden in ihrer Arbeitsweise und welche Strategien haben sie zur Bewältigung dieser entwickelt?

Ein Ziel dieser Arbeit ist herauszufinden, welche Herausforderungen digitale Nomaden in ihrem Alltag erleben und wie sie damit umgehen. Im Unterschied zu einem herkömmlichen Arbeitsplatz, erfahren digitale Nomaden keine direkte Kontrolle durch Vorgesetzte oder Kollegen. Ihren Arbeitsalltag verbringen sie meist allein, was, wie bereits dargestellt, Vor- und Nachteile mit sich bringt. Franks untersuchte diesen Aspekt in ihrer Arbeit und fand heraus, dass die Auswirkungen des Arbeitens als digitaler Nomade Einsamkeit und weniger Erfolgserlebnisse mit sich bringen (vgl. Franks, 2015: p.5). Einsamkeit ist auch ein Thema, dass einige der Befragten dieser Arbeit immer wieder erleben. Doch durch das Knüpfen vieler sozialer Kontakte wird der Einsamkeit entgegen gewirkt. Das Gefühl, zu wenig Energie und Motivation für ihre Arbeit zu haben, ist jedoch allen Befragten bekannt. In dieser Situation fiel es einigen schwer selbstständig aus dem Motivationstief wieder herauszufinden, dies führte zu Problemen mit ihren Auftraggebern oder Vorgesetzten. Es musste also erst etwas schief gehen, also ein externer Impuls zu Veränderung kommen, um eine Verhaltensänderung anzustoßen. Dahingehend ist es manchmal auch ein Nachteil, zu einem hohen Grad eigenständig und selbstverantwortlich zu arbeiten. Zwar können sich digitale Nomaden häufig ihre Zeit selbst einteilen, allerdings zwingt diese Freiheit auch zu einer erhöhten Disziplin, die Arbeit wirklich zu erledigen. Lentz und Nguyen stellten als ein Fazit ihrer Arbeit fest, dass Fokus der Schlüssel zum Überleben als digitaler Nomade ist (vgl. 2015: p.44). Um diesen Fokus zu erreichen, sich nicht ablenken zu lassen und möglichst effizient zu arbeiten, haben die Interviewten verschiedene Strategien entwickelt. Dabei sind die Herangehensweisen sehr unterschiedlich, es werden z.B. Meditation, Morgenrituale mit Kaffee oder das Lesen des Horoskops und Musik hören genannt. Eine große Herausforderung ist auch die Ablenkung durch soziale Medien. Genannte Möglichkeiten die Konzentration nicht zu verlieren, sind zudem eine Checkliste mit Aufgaben, regelmäßige Pausen oder positive Selbstgespräche. Eine wichtige Selbsterkenntnis der digitalen Nomaden ist, zu welcher Tageszeit sie persönlich am effizientesten arbeiten. Bei denen, die komplett selbst entscheiden können wann sie arbeiten, wird der Tagesablauf und somit auch die Arbeitszeit flexibel an den eigenen Rhythmus angepasst.

Eine der Hauptherausforderungen für digitale Nomaden, die nicht zu unterschätzen ist, ist die Verfügbarkeit von Internet. Eine stabile WLAN-Verbindung ist für digitale Nomaden die Voraussetzung, überhaupt arbeiten zu können. Bei einigen Interviewten geht es so weit, dass sie sofort umziehen müssen, wenn sie feststellen, dass das Internet nicht gut genug ist. Auch können beim häufigen Ortswechsel räumliche Anforderungen herausfordernd sein. Manche Befragten benötigen einen abgeschlossenen Raum für vertrauliche Gespräche, Ruhe für nächtliche Telefonate oder eine weiße Wand als Videohintergrund.

6.4 Wie nachhaltig ist das digitale Nomadentum für die Einzelperson?

Ob der Lebens- und Arbeitsstil eines digitalen Nomaden für eine Person dauerhaft sinnvoll und machbar ist, hängt von vielen verschiedenen Faktoren ab. Natürlich ist in dieser Hinsicht jeder Fall individuell zu betrachten, aber auf Basis einiger untersuchter Aspekte, lassen sich zu dieser Fragestellung Tendenzen bestimmen. Digitales Nomadentum ist grundsätzlich als nachhaltiger Lebensstil möglich, denn es gibt zahlreiche Blogs auf denen Personen, die schon seit vielen Jahren so leben, ihre Erfahrungen teilen (vgl. z.B. Nomadic Matt, www.nomadicmatt.com). In den Interviews kristallisierte sich heraus, dass ein großer Einflussfaktor auf die Entscheidung, die Heimat und somit Familie und Freunde dauerhaft zu verlassen, die Qualität der neu gewonnenen Kontakte ist. Digitale Nomaden lernen ständig neue Leute kennen, das Schließen andauernder Freundschaften gestaltet sich jedoch schwierig, wenn beide Personen sich nur für kurze Zeit sehen. Es hängt davon ab, wie viel beide Seiten bereit sind, in den Kontakt zu investieren. Die Erfahrung der Interviewten zeigt, dass dies mit Personen, die einen ähnlichen Lebensstil führen, leichter ist. Ob das Leben eines digitalen Nomaden nur ein Experiment bleibt, eine Lebensphase darstellt oder eine dauerhafte Lebensstiländerung mit sich bringt, kann in jedem Einzelfall nur spekuliert werden. Themen wie Partnersuche, Familienplanung oder Pflege von Familienangehörigen wurden in den für diese Arbeit geführten Interviews nur am Rande erwähnt. Es kann aber davon ausgegangen werden, dass insbesondere die Familie immer noch einen großen Einfluss auf die Befragten hat, da sie alle regelmäßigen und teils sehr intensiven Kontakt mit ihr haben.

7 Reflexion des Forschungsprojekts

Im Folgenden sollen die Methoden des Forschungsvorhabens reflexiv betrachtet werden, um zu prüfen, ob diese der Anforderung der Gegenstandsangemessenheit (vgl. Mayring, 2002: p.146) entsprechen und die zuvor erläuterten Gütekriterien erfüllt werden konnten. Es soll dabei offengelegt werden, inwiefern die Erhebungs- und Auswertungsmethode für die Erkenntnisgewinnung der Forschung förderlich, beziehungsweise hinderlich waren. Selbstkritisch soll auch auf den Lernprozess im Verlauf des Projektes Bezug genommen werden.

7.1 Reflexion der verwendeten Methoden

Erhebungsmethode der problemzentrierten Leitfadeninterviews. Die telefonische Erhebung von problemzentrierten Leitfadeninterviews hat sich in Bezug auf die Fragestellungen dieser Arbeit als passend und zielführend herausgestellt. Mögliche Probleme einer telefonischen Durchführung zeigten sich nicht. In allen Interviews war die Qualität der Aufnahme hoch und es konnte aus Sicht des Interviewers eine ruhige, vertrauensvolle und offene Atmosphäre geschaffen werden. Die Interviewpartner schienen sich auf das Gespräch zu konzentrieren und wurden nur vereinzelt kurzzeitig von anderen Umwelteinflüssen abgelenkt. Die Zeitstruktur der Interviews war angemessen und die Interviewlänge für alle Interviewpartner unproblematisch. Insgesamt konnte die Herangehensweise über das leitfadengestützte Interview, Offenheit gegenüber individuellen Themen der Befragten erreichen und deckte alle relevanten Themengebiete ab. Hinsichtlich des Leitfadens wäre es hilfreich gewesen, diesen in einer Vorstudie zu testen. Durch einen Vortest hätte beispielsweise die Modifikation hinsichtlich einer stärkeren Erzählgenerierung vorgenommen werden können.

Abschließend lässt sich zur Erhebungsmethode festhalten, dass diese unter Beachtung der genannten Gesichtspunkte weiter ausgebaut werden könnte, aber auch in ihrer durchgeführten Form den Erkenntnisgewinn gewährleisten konnte.

Zielgruppe. Hinsichtlich der Erhebung muss bei der Bewertung der Ergebnisse ebenfalls die gewählte Zielgruppe kritisch betrachtet werden. Es ist zu berücksichtigen, dass die Interviews mit digitalen Nomaden geführt wurden, die sich freiwillig auf den Aufruf gemeldet haben. Die Motive für die

Teilnahme am Interview waren neben Hilfsbereitschaft und eigenem Forschungsinteresse auch das Bedürfnis, bestimmte Themen anzusprechen und ihre Meinung kundzutun. Es wurde bei einzelnen Interviewpartnern deutlich, dass sie das Bedürfnis hatten, einen bestimmten Standpunkt mitzuteilen, da die entsprechenden Aussagen nach der Frage, ob sie noch etwas hinzufügen möchten, am Ende des Interviews getroffen wurden. Trotz dieser Anmerkung sind die Ergebnisse insofern zielführend, als dass sie einen Einblick bezüglich der Forschungsfragen gewährleisten.

Auswertungsmethode nach Witzel. Die Auswertungsmethode der problemzentrierten Interviews nach Witzel (vgl. 1996) hat sich im Rahmen des Forschungsprojektes als zielführend herausgestellt. Über die Falldarstellungen als Auswertungsschritt konnten die individuellen Einzelfälle auch in der Auswertung berücksichtigt werden. Gerade aufgrund der Fallzahl von sechs Interviewpartnern sollte verdeutlicht werden, auf welche Basis sich die Ergebnisse stützen. Auch der systematische Fallvergleich ist im Rahmen der Erhebung zielführend, dadurch werden Unterschiede und Gemeinsamkeiten der Einzelfälle herausgestellt und so ein Überblick über mögliche Muster gegeben. Durch die anschließende Typenbildung konnten ideal- und stereotypische Muster zusammengefasst werden. Diese Muster proklamieren keine allumfassende Gültigkeit, sondern stellen vielmehr Übereinstimmungen dar, die individuell variabel und ergänzbar sind. Die geringe Anzahl an Interviews stellte in diesem Schritt ebenfalls eine Herausforderung dar, da nur in bestimmten Themenschwerpunkten genug Überschneidungen zwischen den Interviewpartnern auftraten, um in sich schlüssige Typen zu bilden. Insgesamt erfüllte die Auswertungsmethode die Anforderungen für einen sinnvollen Erkenntnisgewinn.

7.2 Reflexion der Rolle als Forscher und Interviewleiter

Als zweiter Schritt erfolgt anschließend an die Methodenreflexion die Rollenreflexion, welche darauf abzielt, die Subjektivität des Forschenden im Gesamtprozess zu hinterfragen. Es wird dabei auf die Rolle des Interviewers und des Auswerters innerhalb des Forschungsprozesses Bezug genommen.

Bezüglich der Rolle des Interviewers wurde über die methodische Herangehensweise versucht, die Subjektivität des Interviewers einzuschränken, in dem ihm der Leitfaden als Stütze gegeben wurde. Prinzipiell wurde so nicht nach alleinigem Ermessen befragt, sondern im Kontext eines theoretischen

Rahmens. Trotz des Leitfadens ist anzumerken, dass die Subjektivität des Interviewers nicht ausgeschlossen werden kann und sollte. Die Methode des problemzentrierten Leitfadeninterviews ermöglicht es dem Interviewer, Nachfragen zu stellen und interessante Themengebiete weiter auszubauen. Dabei liegt es immer im persönlichen Ermessen des Interviewers, welche Punkte detaillierter betrachtet werden. An einigen Stellen wäre ein gezielteres Nachfragen oder zusätzliche Geduld hilfreich gewesen.

Auch in der ausgewählten Auswertungsmethode ist die Subjektivität des Auswertenden nicht auszuschließen, sondern vielmehr Teil des Erkenntnisprozesses, denn so kann die Nähe zum Gegenstand gewährleistet werden. In der Fallanalyse und der Falldarstellung werden vom Auswertenden zentrale Themen der Einzelfälle herausgearbeitet und so die Grundlage für den Fallvergleich geschafft. Gerade aufgrund dieser bewussten Subjektivität wurden die Ergebnisse anhand von Zitaten belegt. Dadurch konnte eine einseitige Sicht ausgeschlossen sowie Validität gesichert werden.

8 Fazit und Ausblick

8.1 Fazit

Der Ausgangspunkt für das in der vorliegenden Arbeit dokumentierte Forschungsprojekt war die Fragestellung, was digitale Nomaden motiviert einen solchen Lebens- und Arbeitsstil zu führen und welche Rolle Arbeit in ihrem Leben im Vergleich zu anderen Arbeitsweisen spielt. Ein besonderes Augenmerk lag darauf, mit welchen Herausforderungen sie konfrontiert werden und welche Strategien sie zur Bewältigung dieser entwickelt haben. Es sollte außerdem hinterfragt werden, wie nachhaltig ein Leben als digitaler Nomade für den Einzelnen ist.

Zur Untersuchung dieser Fragestellung wurden sechs Interviews mit digitalen Nomaden geführt. Die Ergebnisse der Studie konnten wiederkehrende Motivationsmotive von digitalen Nomaden aufdecken, insbesondere die Leidenschaft zu Reisen, das Verlangen nach Freiheit und Selbstbestimmung sowie die Erwartung höherer Lebensqualität (vgl. Kapitel 5.2.). Durch die qualitativen Interviews konnte ein Einblick in die individuellen Lebenssituationen der Befragten gewonnen werden, was verdeutlichte, dass die Motivation trotz der Gemeinsamkeiten in der Ausprägung, unterschiedliche Ursprünge hat. Es zeigte sich, dass sich einige digitale Nomaden bewusst für den Lebensstil entscheiden und sich andere unbewusst darin wiederfinden. Während einige digitale Nomaden eine Arbeit wählen, die sie erfüllt und ihnen Freude bereitet, gehen andere einer Tätigkeit nach, die es ihnen auf möglichst einfache Weise ermöglicht zu reisen. Digitales Nomadentum geht also, nach den Ergebnissen dieser Arbeit, nicht immer mit einer erhöhten Identifikation mit der Arbeit einher.

Als Herausforderungen der Arbeitsweise werden vor allem organisatorische und technische Probleme wahrgenommen. Aber auch Einsamkeit, Antriebslosigkeit und der Umgang mit Neid und Unverständnis, sind Aspekte, welche die digitalen Nomaden des Forschungsprojekts dieser Arbeit beschäftigen. Um damit umzugehen, verfolgen sie ganz individuelle Strategien. Hier wurde deutlich, dass es bisher keine unter den Befragten gemeinsamen oder üblichen Herangehensweisen gibt. Es hat sich herausgestellt, dass digitales Nomadentum als nachhaltiger Lebensstil möglich ist, wenn die Person es schafft, neue, qualitativ hochwertige und andauernde Freundschaften aufzubauen.

Insgesamt konnte diese Arbeit dazu beitragen das Phänomen „digitale Nomaden" greifbarer zu machen. Die zur Untersuchung verwendeten Erlebniskategorien von Arbeit auf Basis der Studien von Jahoda konnten auf die Berufsgruppe der digitalen Nomaden ausgeweitet werden. Es ist damit gelungen, das digitale Nomadentum von anderen Arbeits- und Lebensstilen abzugrenzen und mit konkreten Merkmalen zu charakterisieren.

8.2 Ausblick

Die Ergebnisse dieser Arbeit bieten Anknüpfpunkte für weitere Forschungsvorhaben, da deutlich geworden ist, dass eine Herangehensweise mittels qualitativer Methoden in einem so facettenreichen Themengebiet hilfreich ist. Die Studie dieser Arbeit wurde mit einem vergleichsweisen kleinen Teilnehmerkreis durchgeführt. Es wäre zukünftig spannend, die verschiedenen Perspektiven von weiteren digitalen Nomaden zu untersuchen, um ein differenzierteres Bild der Motivatoren und Aspekten der Arbeitsweise zu erhalten. Auch die Literaturrecherche zeigte, dass die Forschung über digitale Nomaden noch ganz am Anfang steht. Hinsichtlich des starken Wachstums des Arbeitstrends, wird es als notwendig angesehen, die Auswirkungen dieser Bewegung auf individueller und gesellschaftlicher Ebene zu untersuchen. Auch aus Perspektive der Arbeitgeber hinsichtlich des Fachkräftemangels in bestimmten Branchen, sollte dieser Themenbereich noch weiter exploriert werden. Auf diese Weise können gegenwärtige qualitative und quantitative Studien ergänzt sowie neue Blickwinkel und Ansatzpunkte aufgezeigt werden.

Literaturverzeichnis

Altringer, B. (2015). *Globetrotting Digital Nomads: The Future Of Work Or Too Good To Be True?* Abgerufen am 20. November 2017 von www.forbes.com/sites/forbesleadershipforum/2015/12/22/globetrotting-digital-nomads-the-future-of-work-or-too-good-to-be-true/#31953e087594

Beise, M./ Jakobs, H. (2012). *Die Zukunft der Arbeit.* München: Süddeutsche Zeitung GmbH.

Berthel, B./ Becker, F. (2010). *Personal-Management: Grundzüge für Konzeptionen betrieblicher Personalarbeit* (9. Aufl.). Stuttgart: Schäffer-Poeschel Verlag.

Bruns, M. (2017). *Freiberufler - Definition und Berufsliste für ein Leben ohne Gewerbesteuer.* Abgerufen am 02. Dezember 2017 von https://www.foerderland.de/gruendung/gruendungsvarianten/freiberufler/

Drumm, H. (2008). *Personalwirtschaft* (6. Aufl.). Berlin/ Heidelberg: Springer-Verlag.

Elman, J. (2017). *How Zapier Is Building A Remote Design Culture.* Abgerufen am 10. Dezember 2017 von www.invisionapp.com/blog/zapier-remote-design-team/

Felfe, J./ Six, B. (2006). Die Relation von Arbeitszufriedenheit und Commitment. In: L. Fischer (Hrsg.), *Arbeitszufriedenheit. Konzepte und empirische Befunde* (p. 37-60). Göttingen: Hogrefe.

Franks, K. (2016). *Digital Nomads - The Drivers & Effects of Becoming Location Independent.* Abgerufen am 12. November 2017 von www.de.scribd.com/document/322451228/Digital-Nomads-The-Drivers-And-Effects-Of-Becoming-Location-Independent-by-Kayleigh-Franks

Friebe, H./ Lobo, S. (2008). *Wir nennen es Arbeit: Die digitale Boheme oder: Intelligentes Leben jenseits der Festanstellung* (2. Aufl.). München: Heyne Verlag.

Gabler Wirtschaftslexikon (2017a). *Stichwort Telearbeit.* Abgerufen am 13. Oktober 2017 von http://wirtschaftslexikon.gabler.de/Archiv/76619/telearbeit-v11.html

Gabler Wirtschaftslexikon (2017b). *Stichwort Expatriate.* Abgerufen am 13. Oktober 2017 von http://wirtschaftslexikon.gabler.de/Definition/expatriate. html

Gelgota, M. (2017). *How many digital nomads are there?* Abgerufen am 21. November 2017 von www.blog.minaal.com/how-many-digital-nomads/

Gilbert, C. (2013). *A Brief History of Digital Nomading.* Abgerufen am 11. November 2017 von www.almostfearless.com/a-brief-history-of-digital-nomading/

Grandke, J. (2014). *‚Remote Year'-Gründer Greg Caplan: 100 Menschen. 18 Locations weltweit. 1 Jahr remote arbeiten.* Abgerufen am 05. Dezember 2017 von http://www.iamdigital.de/remote-year-interview-greg-caplan/

Harmer, B./ Pauleen, D. (2012). Attitude, aptitude, ability and autonomy: the emergence of 'offroaders', a special class of nomadic worker. In: *Behaviour & Information Technology*, 31(5), 439-451.

Helfferich, C. (2011). *Die Qualität qualitativer Daten. Manual für die Durchführung qualitativer Interviews* (4. Aufl.). Wiesbaden: VS Verlag.

Hoyos, C. (1974). *Arbeitspsychologie.* Stuttgart: Kohlhammer.

Hutzschenreuter, T. (2009). *Allgemeine Betriebswirtschaftslehre: Grundlage mit zahlreichen Praxisbeispielen* (3. Aufl.). Wiesbaden: Springer-Verlag.

Jaeger, S. (2016*). Digitale Nomaden und das produktive Arbeiten.* Abgerufen am 02. Dezember 2017 von www.mobilitymag.de/produktive-arbeiten/

Jahoda, M. (1983). Die sozialpsychologie Bedeutung von Arbeit und Arbeitslosigkeit. In: Jahoda, M./ Kieselbach, T./ Leithäuser, T. (Hrsg.), *Arbeit, Arbeitslosigkeit und Persönlichkeitsentwicklung. Bremer Beiträge zur Psychologie* Nr.23 (p.1-8). Bremen: Universität Bremen.

Jahoda, M./ Larzarsfeld, P./ Zeisel, H. (1975). *Die Arbeitslosen von Marienthal. Ein soziographischer Versuch über die Wirkungen langandauernder Arbeitslosigkeit.* Frankfurt a.M.: Suhrkamp.

Jahoda, M. (1995). Die Arbeitslosen von Marienthal. In: Flick, U./ von Kardorff, E./ Keupp, H./ von Rosenstiel, L./ Wolff, S. (Hrsg), *Handbuch qualitative Sozialforschung* (2. Aufl.). (p.199-122). Weinheim: Beltz.

Keller, R. (2012). *Das interpretative Paradigma: Eine Einführung.* Wiesbaden: VS Verlag.

Kirchler, E. (2005). *Arbeits- und Organisationspsychologie* (2. Aufl.). Stuttgart: UTB.

Leithäuser, T./ Meyerhuber, S./ Schottmayer, M. (2009). *Soziologisches Organisationsverstehen.* Wiesbaden: Springer Verlag.

Leithäuser, T./ Volmerg, B. (1988). *Psychoanalyse in der Sozialforschung. Eine Einführung.* Wiesbaden: Westdeutscher Verlag.

Lentz, A./ Nguyen, D. (2015). *Community, Identity and Knowledge among Digital Nomad Entrepreneurs.* Lund: Universität Lund.

Levels, P. (2015). The future of digital nomads. How remote work will transform *the world in the next 20 years.* Abgerufen am 21. November 2017 von www.levels.io/future-of-digital-nomads/

Lewin, K. (2012). *Feldtheorie in den Sozialwissenschaften. Ausgewählte theoretische Schriften.* Bern: Huber.

Lück, G. (1990). *Die betriebliche Arbeitsmotivation in der Bundesrepublik Deutschland und der Deutschen Demokratischen Republik: Ansätze einer Vergleichsanalyse.* Wiesbaden: Springer Fachmedien.

Lück, H. (1996). *Die Feldtheorie und Kurt Lewin. Eine Einführung.* Weinheim: Psychologie Verlags Union.

Manyika, J./ Lund, S./ Bughin, J./ Robinson, K./ Mischke, J./ Mahajan, D. (2016). *McKinsey Global Institute. Independent work: Choice, necessity and the gig economy.* Abgerufen am 21. November 2017 von www.mckinsey.com/global-themes/employment-and-growth/Independent-work-Choice-necessity-and-the-gig-economy

Maslow, A. H. (1970). *Motivation and Personality* (3. Aufl.). New York: Harper and Row.

May, D. (2017). Why The Digital Nomad Lifestyle Is Not Sustainable. Abgerufen am 12. November 2017 von www.digitalnomadsoul.com/digital-nomad-lifestyle-is-not-sustainable/

Mayring, P. (2002). *Einführung in die qualitative Sozialforschung* (5. Aufl.). Weinheim/ Basel: Beltz Verlag.

McClelland, D. (1961). *The Achieving Society.* Princeton, New Jersey: Van Nostrand.

Möller, F. (2016). *Was ist Work and Travel?* Abgerufen am 01. Dezember 2017 von https://www.auslandsjob.de/was-ist-work-and-travel.php

Niess, F./ Jahoda, M. (1984*). Leben wir, um zu arbeiten? Die Arbeitswelt im Umbruch.* Köln: Bund-Verlag.

Ofenloch, C. & Madukanya, V. (2007). Organisationales Commitment: Entstehungsbedingungen und Einflussfaktoren am Beispiel einer deutschen Großbank. *Mannheimer Beiträge zur Wirtschafts- und Organisationspsychologie*, 22(1), 9-16.

Pickard, P. (2017). *Lonely Planets Best in Travel 2018.* Melbourne: Lonely Planet Publications.

Pofeldt, E. (2016). *McKinsey Study: Gig Economy Workforce Is Bigger Than Official Data Show In U.S., Europe.* Abgerufen am 21. November 2017 von www.forbes.com/sites/elainepofeldt/2016/10/10/mckinsey-studyindependent-workforce-is-bigger-than-official-data-shows-in-u-seurope/#4d3b930964ac

Rathgeb, E. (2006). *Digitale Bohème. Sie nennen es Arbeit. In: Frankfurter Allgemeine Zeitung,* Ausgabe 08.12.2006, p.X1. Abgerufen am 21. November 2017 von www.faz.net/aktuell/feuilleton/buecher/digitale-boheme-sie-nennen-es-arbeit-1379258-p3.html

Stock-Homburg, R. (2010). *Personalmanagement: Theorien - Konzepte -Instrumente* (2. Aufl.). Wiesbaden: Springer Verlag.

Walser, J. (2012). *Der Zusammenhang zwischen Arbeitszufriedenheit und beruflicher Leistung. Eine Fallstudie.* Hamburg: Diplomica Verlag.

Weinert, A. (2004). *Organisations- und Personalpsychologie (5. Aufl.).* Weinheim: Beltz Verlag.

Wilson, T. P. (1973). Theorien der Interaktion und Modelle soziologischer Erklärung. In: Arbeitsgruppe Bielefelder Soziologen (Hrsg.), *Alltagswissen, Interaktion und gesellschaftliche Wirklichkeit* (p.54-79). Wiesbaden: Springer Fachmedien.

Wiswede, G. (1980). *Motivation und Arbeitsverhalten.* München: Ernst Reinhard Verlag.

Witzel, A. (1995). Auswertung problemzentrierter Interviews. Grundlagen und Erfahrungen. In: Strobl, R. / Böttger, A. (Hrsg.), *Wahre Geschichten? Zur Theorie und Praxis qualitativer Interviews* (p. 49-76). Baden Baden: Nomos.

Witzel, A. (2000). Das problemzentrierte Interview. *Forum Qualitative Sozialforschung / Forum: Qualitative Social Research*, *1*(1), Art. 22. Abgerufen am 27. März 2017 in www.nbnresolving.de/urn:nbn:de:0114-fqs0001228

Anhang

Anhang 1: Leitfaden für problemzentrierte Interviews

Digitale Nomaden – Motivation & Rolle der Arbeit

Struktur und wichtigste Gesprächsinhalte:

1. Introduction (ca. 5min)
2. Main part (ca. 30 – 40min)
   - 2.1 Motivation
   - 2.2 Time Structure
   - 2.3 Social Contacts
   - 2.4 Collectivity
   - 2.5 Status and Social Identity
   - 2.6 Activity
3. Sum up (ca. 5min)

Zur Handhabung des Interviewleitfadens:

Es soll ein problemzentriertes Interview im Sinne einer **offenen Exploration** durchgeführt werden. Die Auflistung und Gliederung relevanter Fragenkomplexe des Leitfadens umschreibt den thematischen Horizont und lässt gleichzeitig im Sinne der offenen Herangehensweise Raum für Diskussionen.

Die nachfolgend aufgeführten Themen sind **nicht als wörtliche Vorgaben** gedacht. Ebenso ist die Reihenfolge nicht immer zwingend als notwendige Vorgabe gedacht. Es ist wichtig, dem roten Faden der Befragten zu folgen. Der Interviewer hat somit volle Flexibilität, die Reihenfolge und den Wortlaut von Fragen zu verändern. Das Interview sollte wie ein freundliches Gespräch ablaufen, in dem es darum geht, persönliche Erfahrungen und Beobachtungen des Befragten zu explorieren und zu verstehen.

Grundsätzlich gilt, dass **jeder Themenkomplex** zunächst **offen** exploriert wird. Darauf folgt dann das konkrete Nachfragen des Interviewers auf Auffälligkeiten bei den Antworten des Teilnehmers bzw. hinsichtlich der Themen, die von dem Teilnehmer nicht spontan geäußert wurden, aber relevant sind.

1. Introduction
- Subject: Digital Nomads
- Short introduction of the interviewer
- Anonymous and open – like a conversation, no fixed order of the questions
- No right or wrong answers, no judging from the interviewer
- Interview will be recorded – ask for permission to record the interview
- Would you please introduce yourself shortly?

2. Main Part

2.1 Motivation
- Why did you want to become a digital nomad?
    - What was your main reason to become a digital nomad?
    - How did you hear about this lifestyle/ way of working?
- What was the turning point?
    - What scared you the most about the decision?
    - What excited you the most about the decision?
- Are you happy with your current job/work?
- How has your motivation to live the life of a digital nomad changed over the last years/months?
- What are some major things that excite you or make you happy?
- What are things that make you sad?

2.2 Time Structure
- What does a typical work day look like for you?
- Do you have any daily rituals?
    - If yes, what are they?
    - Are you a routine person?
- How do you adapt yourself to a new work environment?
- How do you make sure you work efficiently?
    - What are things that distract you from work?
    - How do you get into focus?
    - Which tools do you use to help you to stay focused?
- How often do you take breaks and what do you do in those?
- At what time during the day do you work best?
- How many hours a day (roughly) do you spend working?
- Do you work more or less than when you were not traveling?

2.3 Social Contacts
- What does your social life look like?
- Do you travel alone or with others?
    - How are you related to your travel mates? Where did you meet?
- How often do you engage with other people?
    - How much of that is online, how much offline?
- Would you describe yourself as a social person?
    - If yes, what does that mean to you?
- What do you like or dislike about constantly meeting new people while traveling?
    - How sustainable are your relationships that have formed while traveling?
- How much do you keep in touch with friends and family at home?
- How is the support of family and friends for what you do?
- Who do you turn to with problems and insecurities?

2.4 Collectivity
- What does networking mean to you?
    - How important is networking for you and your work?
- Do you work in a team?
    - What is your role in the team?
    - How did the team form?
    - Do you work together remotely or in person?
    - How do you communicate with each other?
    - What are the challenges of working in a team?
- Do you share goals with other people?
- Do you belong to any other groups outside of work (e.g. sports, clubs, politics)?
    - What do you enjoy about being part of that group?

2.5 Status and Social Identity
- How does your work define you?
- To what extent do you identify with your job?
    - How important is that to you?
- How important is making money to you?
    - How close are you to your goal of what you want to earn?
    - Have you ever lost a lot of money? If yes, how did you deal with that?
- What would loosing your job mean to you?
    - Are you scared of not having a job?
    - Do you have a Plan B (back up plan)? If yes, what does it look like?
- Do you think you will ever go back to a stationary job?

- How important is it to you what others think about you/ your work/ your lifestyle?

2.6 Activity
- How free are you to decide on which days you work or not?
- Do you ever get bored from your work? If yes, how do you deal with that?
- Has there been a time where you lacked energy or motivation to do work?
- Are you your own boss?
    - What are the advantages and disadvantages of that?
    - Do you sometimes wish you had someone to check on you?
- Have you ever been unemployed or unoccupied?
    - How did that make you feel?
    - How did you handle that situation?

3. Sum up
- Would you like to add anything that we have not talked about yet?
- In your opinion, what are the main realisations of/ takeaways from this interview?
- How do you feel at the end of this interview?
- ...

Thank the interview partner for participating and end the interview.

Anhang 2: Aufruf zur Suche von Interviewpartnern

 Annika Reinke
20 hrs

INTERVIEW PARTNERS WANTED FOR RESEARCH!

Hi everyone,
I'm looking for digital nomads that would be willing to participate in qualitative interviews for my master's thesis (studying business psychology at Uni Bremen/ Uni Melbourne) about the motivation to live as a digital nomad and the role of work in your life. Anyone is welcome to participate as long as you have travelled while working for a while in the past or present. The interview will be max. 45min long and recorded via Skype/ WhatsApp/ Hangouts etc., whatever you prefer. I'm based in Melbourne, Australia at the moment so if anyone happens to be here, it would be great to meet up and do it in person as well.
The interview itself will be transcribed and anonymized for the thesis, but I'd be happy to offer you the transcript or record of your own interview to use for a blog, podcast etc. in exchange!

Please comment or send me a pm if you are interested to participate or if you have any questions. Thank you and looking forward to hear from you!

Like   Comment

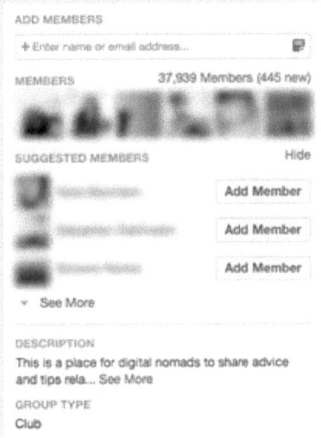

Anhang

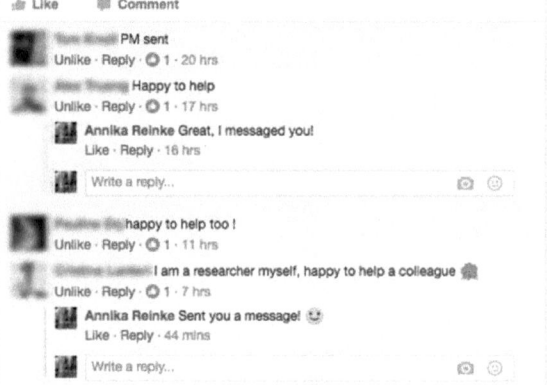

64